このひと手間でプロの味

「料理のちょいテク」

料理の達人倶楽部
編著

ロング新書

まえがき
手間もお金もかけずにおいしい！ 驚きの料理の裏ワザ

毎日つくる食事がいまひとつおいしくない。手間ひまかけてつくり、高価な食材を用意すればおいしくなるけれど、時間もお金もかけたくない。

家族が好きなカレーやハンバーグをつくっても、なぜかひと味足りない。フライや天ぷら、焼き魚など、なぜかいつも失敗する。どうしてなのかしら……。

実はお金も時間もかけずに、料理の味を驚くほどアップさせるワザがあるのです。ちょっとしたひと手間、ほんのひとさじの隠し味、簡単な工夫をするだけでいいのです。

本書と、同時発売の『このひと技でプロの味「料理のすごテク」』で取り上げた裏ワザやコツさえ知っておけば、もう毎日の料理に悩むことはありません。最近は主婦だけでなく、家で自炊する男性、「家メシ」が好きな人が増えていますが、この本の裏ワザは大いに役立つはず。

安くてかたい肉でもおいしい肉料理をつくり、苦手な魚料理をレストランの味に変え、いつものご飯やパン、麺類の味を格段にアップさせる裏ワザがいっぱい。

さらにおいしい肉、魚、野菜の食材の選び方から、保存法、残り物で一品をつくるコツ、何にでも使える万能調味料のアイデアなど、料理のあらゆるワザを満載しました。

これらの本があれば、毎日の料理がだんぜん楽しくなり、家族みんなが喜ぶこと請け合いです。

料理の達人倶楽部

第2章

肉料理の裏ワザ

第3章

魚介料理の裏ワザ

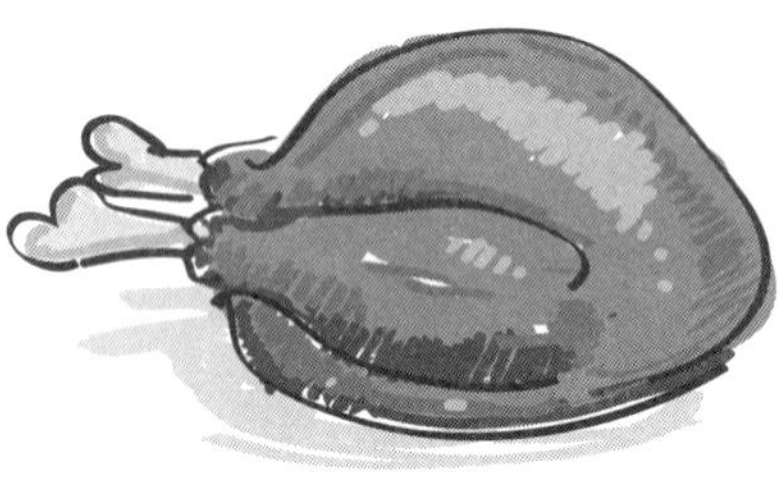

第4章 野菜料理の裏ワザ

第1章◎この一工夫でプロの味が出せる！

焼肉屋より旨い焼肉を家でつくる裏ワザ

●安い牛肉の味をアップするワザ

極上の牛肉が買えればいいけれど、給料日前や育ちざかりでよく食べる子供がいる家では、そうはいかない。そこで特売の安い肉を買うのだが、安い肉でもひと手間加えるだけで味がアップする。ごま油とおろしにんにくを適量と、塩少々をまぜたものを肉にまぶして10秒ほどもんでから焼くのだ。これだけで、安くて少々かたい肉も美味しくなる。

●安い牛肉をジューシーにするワザ

安くてかたい肉を買ってきたら、肉に塩コショウしたあと、片栗粉を薄くまぶす。少し置いてから、余分な粉をはらって焼くと、とてもジューシーになるから不思議だ。

または、肉をビニール袋に入れ、大根おろしの汁を漬けてもみ、30分ほど浸してから焼くと、これもまたジューシーな仕上がりになる。

●かたい牛肉を柔らかくするには？

かたい牛肉を柔らかくするのに、意外だがコーラが役立つ。肉を10分間ほどコーラに浸してから焼くと、柔らかくなるのだ。または、牛肉にコーヒーに入れるフレッシュミルクを塗ってから焼くと、とても柔らかく仕上がる。

●焼き網に牛肉がくっつかなくするコツ

家庭で焼肉をするときは、焼肉プレートや鉄板が多いが、網で焼いたほうが格段に美味しく焼ける。網の目から脂肪が滴り落ちて、肉のうま味が引き出されるからだ。鉄板やホットプレートではどうしても脂肪が溜まるので、肉の味が落ちてしまう。でも網で焼くと、薄い牛肉は網にくっつきやすく、引っ張ったらちぎれてしまった！　ということも。

これを防ぐには、焼く前に網にカットレモンをこすりつけてレモン果汁をコーティングしておくといい。肉が網にくっつくのを防ぐだけでなく、肉の味もさわやかになる。焼肉屋ではたいていカットレモンがついてくる。

●焼き網が使えないならどうする？

肉は網で焼くほうがおいしいとわかっていても、家で本格的な網焼きをすると、部屋中にもうもうと煙がこもってしまうからできない、というときは、最近は脂肪を落とすための溝がついている焼き肉用プレートや、スリット入りのものが出回っているから、それを使うこと。溝がない平らなホットプレートは、お好み焼きやホットケーキ用のもので、焼き肉には使わないほうがいい。

そしてプレートを十分に熱して温度を上げてから焼くこと。温度が低いうちに肉をのせると、さかさに焼けておいしくない。肉をのせたときに、ジュッ！　という音がするくらいがちょうどいい。そのため焼き肉用プレートは、300度近くまで温度を上げることができるものを選ぶこと。

●焼き肉用プレートで美味しく焼くコツ

家庭の焼き肉用プレートで美味しく肉を焼くには、凍ったままの肉をプレートにのせてはいけない。かならずしっかり解凍してからのせること。凍ったままだと肉から水分が出てしまい、味が落ちる。

また、一度にたくさんの肉をプレートにのせないこと。たくさんのせると、プレートの温度が一気に下がってしまうので、肉から水分が出ておいしく焼けないのだ。

●溝付きプレートがないときの裏ワザ

いまは、家庭用の溝付きの焼き肉用プレートがいろいろ売られているが、平らなお好み焼き用ホットプレートに比べて少し値段が高い。家に溝付きプレートがないというとき、どうすればいいだろうか。

アルミ箔を使って即席溝付きプレートをつくるのだ。アルミ箔はホットプレートより少し大きめに用意する。このアルミ箔をいったんクシャクシャと丸めてまた破れないように広げる。凸凹ができたアルミ箔をプレートの上にのせて普通に焼くだけ。凹凸ができたアルミ箔のへこんだ部分に脂肪が落ちていくので、肉の味を落とさずに焼くことができる。

●焼肉のタレをひと味アップ

焼肉をおいしく食べるキーポイントは、焼けた肉を漬けるタレにある。最近では市販のタレもさまざまな味のものがでているが、市販のタレの味がいまひとつというとき、タレの中にマーマレードを大さじ1杯加えると驚くほど味がアップする。

また、しょう油とマーマレードを2対1の割合でまぜただけでも、酸味と甘味がプラスされたおいしい焼肉のタレができる。

●カルビをおいしく食べる

牛肉のなかでもカルビは脂身の部分が多い。この、こってり味を好きな人も多いが、脂身は苦手という人も多い。そこで、カルビは焼けたらそのまま食べるのではなく、サンチュに包み、さらに韓国のりで巻いて食べてみよう。韓国のりの香ばしい香りと野菜が油のしつこさを消してくれる。

すき焼きをおいしく食べる裏ワザ

●関東風すき焼きをおいしく食べるワザ

すき焼きは地方によってつくり方や食べ方にこだわりがあって、違っている。とくに関東と関西ではつくり方がまったく違うが、どちらがおいしいかはお好みしだい。

関東ではだし汁、しょう油、みりん、砂糖、酒などを合わせた割り下で肉と野菜を最初から煮るが、関西は割り下は使わず、肉は煮るのでなく焼く。

関東風では、鍋を熱して牛脂を塗り、牛肉を広げてのせて焼いたら割り下を入れ、続けて野菜を入れて煮る。肉は煮すぎるとかたくなるので煮すぎないのがコツ。煮詰まったら割り下と水を加えて調整する。「すき焼き」は「焼く」というくらいで煮すぎたら肉の味が落ちてしまうから、赤みが残っているくらいで食べるといい。

また、肉のそばにはねぎを置き、しらたきは近づけないこと。しらたきに含まれている石灰カルシウムが肉をかたくし色も悪くするからだ。

●関西風ではザラメを使うのがコツ

関西では割り下はなく、肉は煮るのではなく焼く。まず鍋に牛脂を敷いたら砂糖を大さじ1杯敷き、肉を入れ、上から砂糖、しょう油、みりんなどをかけて焼きつけ、やわらかいうちに肉だけを食べる。次に野菜を鍋に入れて焼いていく。野菜から水分が出て味が変わるので、味加減を見ながら砂糖やしょう油などを足していく。店や家によって、みりんは使わない、昆布だし汁を加えるなどいろいろある。

また、白砂糖の代わりにザラメを使うと、ザラメはゆっくり溶けて具材にじっくり染み込むので味がアップ、また肉の生臭さも消してコクを出してくれるので、ぜひザラメを使おう。

●割り下をひと味おいしくする裏ワザ

市販のすき焼き用のタレも何種類も出回っているが、割り下は使う調味料を調整して、自分の好みの味をつくるのが一番だ。

基本はしょう油、みりん、砂糖、水を4対3対2対1の割合で混ぜるだけ。あとは自分の好みで日本酒や何か隠し味を加えてコクを出したり、調味料の分量の割合を変えればいい。

●割り下の味にコクを出すため加えるものは?

基本の割り下をひと味アップさせるために、加えるといい隠し味をあげてみよう。自分の好みによって加えるもよし、やめてもよし。試してみてはいかが。

①割り下に赤みそを少量加えるとコクが出る。
②割り下にすし酢を少量加えると甘みと酸味がアップ。
③割り下に板チョコレートを一かけ入れるとコクが出る。
④割り下に酒の代わりに焼酎を入れるとコクがプラス。
⑤割り下にハチミツを少量加えると甘みとコクが出る。
⑥割り下にすりおろしたニンニクを加えると味がアップ。

●野菜はまず、ねぎから入れるのがワザ

鍋に肉を入れて焼いたら、まず最初に入れて焼く野菜は長ねぎにする。肉と長ねぎを焼いてから割り下を加える。昔は牛鍋には長ねぎだけしか入れなかった。長ねぎを入れると香ばしさとうま味が出て肉の味をひきたてるからだ。

長ねぎの代わりに玉ねぎの輪切りを入れるやり方もある。肉と玉ねぎを焼いてから割り下を入れれば、玉ねぎから甘みが出てひと味アップする。

●コーラとしょう油で割り下をつくるワザ

割り下をつくるには、みりん、砂糖、しょうゆ、水、だし、酒などをまぜなければならない。そんな手間をかけなくても、簡単においしい割り下をつくる驚きのワザがある。

市販の180ccの缶コーラを1本用意する。コーラ1本に同量のしょう油とその半量の水をまぜて煮立たせるだけ。コーラの甘みが意外にも牛肉に合うのだ。

●キウイかパイナップルを入れると肉の味がアップ

キウイが特産品の岐阜県の農家では、すき焼きにキウイを入れるという。鍋に肉を入れたら、輪切りにしたキウイを肉の上にのせて煮る。キウイは一人前で一個。こうすると、キウイの酵素の働きで安い肉でも霜降り肉のようにやわらかくなり、甘みと酸みが加わって、鍋全体の味もおいしくなる。キウイのかわりにパイナップルでもいい。

●すき焼きの残りでカレーをつくると絶品！

すき焼きが残ったら、鍋に入れたまま一日置くと、翌日のほうが味が深くなってコクが加わる。この鍋にうどんやご飯を入れて食べるとおいしいことは、知っているだろうが、ここでひと工夫。

残り物の鍋に、市販のカレールウと水を適量加えてカレーをつくる。すると、意外なことにすき焼きの割り下の調味料成分がカレーと合い、カレーのコクを引き出すので絶品のおいしさになるのだ。

ビーフシチューをおいしくつくる裏ワザ

●硬い特売肉でやわらかいビーフシチューをつくるワザ

レストランのビーフシチューはやわらかいのに、家でつくると、角切りにした肉は硬くなって噛みにくくなる。そこで、特売肉でもやわらかくなり、味に深みが出るワザを紹介。

煮込み用のかたまり肉を買ってきたら、プレーンヨーグルトの中に肉がひたひたになるように漬けて冷蔵庫でひと晩おいてから煮込むと、肉はやわらかくてマイルドな味に変身！

また、キウイやパイナップルを角切りにして、かたまり肉が隠れるように漬け込み、冷蔵庫でひと晩おいてもやわらかくなり、甘みがプラスされる。

さらに赤ワイン、玉ねぎのすりおろし、キウイの角切り、ヨーグルトの４種をまぜたものに肉を漬け込んでひと晩冷蔵庫で寝かせてからつくると、でき上がりは高級レストランの味に。

肉は口の中でとろけるほどやわらかくなる。

●市販のルウを使うなら、この隠し味を

ビーフシチューはふつうはデミグラスソースとコンソメやブイヨンでじっくり煮込んでつくるが、市販のルウでも十分おいしくつくれる。隠し味をプラスするのだ。

市販のルウの箱に記されているとおりにつくり、ルウを加えてドロッとなったら、ケチャップ、ウスターソース、砂糖を各大さじ1杯ずつ加えて煮込む。これだけで、市販のルウでも絶品の味になる。

●ビーフシチューに加えたい隠し味

ビーフシチューをつくるときに赤ワインは必ず入れたいが、少量加えるといい隠し味になるものは、ほかにもいろいろある。
① 煮込むときにプチトマトを焼いたものを入れると、甘みと深みがプラス。

②仕上げに、生クリームかプレーンヨーグルトを大さじ1杯ほど入れると、コクが出てまろやかに。
③生クリームがなかったら、コーヒー用のポーションミルクを3～4個分入れる。
④リンゴのすりおろし、バナナのすりおろし1個分を入れるとまろやかなコクが出る。
⑤トマトケチャップ、トマトジュースを適量加える。
⑥チョコレート一かけ、インスタントコーヒーを適量加える。

●ビーフシチューに圧力鍋は使わないこと

圧力鍋は、時間がかかる煮込み料理を短時間で完成させる便利な器具だが、高温で短時間に熱を加えるので、肉のゼラチン質が溶けて肉から流れ出し、肉がパサパサになってしまう。ビーフシチューはある程度の時間をかけてじっくり煮込むのがコツ。

煮込む前に必ず肉は強火で炒めて表面に焦げ目をつくること。焦げ目をつけるとうま味を肉の中に閉じ込めることができる。焦がさないで煮込むとうま味が逃げてしまうのだ。

ジューシーなハンバーグをつくる裏ワザ

●肉汁がジュワーッと出るハンバーグのワザ

家でハンバーグを焼くとかたくなってしまうのは、焼いているうちに水分を逃がしてしまい、肉のタンパク質がかたまってしまうから。ひき肉をこねるときに、つなぎに使うパン粉の代わりに麩を入れるとてもジューシーに。麩はパン粉の2倍も水分を保つ力があるので、肉汁を逃がさない。麩は小さくちぎって牛乳にひたしてからひき肉と混ぜること。

●ふんわりジューシーなハンバーグのコツ

肉のタンパク質をかたまらせないためには、マヨネーズをひき肉の5％（二人分なら大さじ½ほど）混ぜると、マヨネーズの植物油の細かな粒子が、タンパク質の結合をソフトにし、ジューシーに仕上げてくれる。

●ひき肉の味を落とさないワザ

ハンバーグのひき肉には、みじん切りの玉ねぎを炒めて加えるが、キツネ色になるまで炒めたら、いったん冷蔵庫に入れて冷やすのがコツ。熱いままひき肉に加えてこねると、肉の味を落としてしまうのだ。だからこねるときは、手も冷水でよく冷やすか、冷やした木杓子を使うなどして温度を上げないこと。

●ハンバーグを柔らかく仕上げるワザ

ひき肉をこねてタネを丸くしたら、小麦粉をハンバーグのタネ全体にまぶし、余分な粉をはたいてからフライパンで焼く。熱が加わると小麦粉が糊状になって肉を包み込み、肉汁が外に溶け出すのを防いでくれるので、ジューシーに柔らかく仕上がる。

●ハンバーグをヘルシーでジューシーにするコツ

ひき肉に混ぜるつなぎを、パン粉のかわりに寒天を入れる。ひき肉200グラムに対して棒寒天を5センチくらい切り、水に浸して柔らかくしたら、細かくちぎってひき肉とまぜて粘りが出るまでよくこねること。寒天が肉汁を閉じ込めるのでジューシーになり、寒天の食物繊維がたっぷりのヘルシーハンバーグができる。

ふわふわオムレツをつくる裏ワザ

●ふわふわのオムレツにするコツ

レストランのオムレツは、表面はふっくら、中身は半熟トロトロで、とてもおいしい。そんなオムレツを家でつくるには、卵3個に対して小さじ1杯の生クリームか、なければコーヒー用のフレッシュミルクを2個ほど加えてまぜて焼く。生クリームの乳化した油分がまろやかでふわふわのオムレツにしてくれる。

●卵白でメレンゲをつくって入れるとフワフワに

卵3個はただまぜて焼くのではなく、卵黄と卵白に分けて、卵白を泡だて器で角が立つまでよくまぜてメレンゲをつくる。このメレンゲを卵黄にまぜて焼くと、最高にフワフワのオムレツができる。

●卵を入れるタイミングは?

卵を焼くときはサラダ油だけではなく、バターも使うといい。フライパンにサラダ油とバターを入れて熱すると、バターにシュワシュワと泡ができる。この泡が小さくなったら卵を入れるのだ。

卵を入れてジュッ！　という音がしたら絶好のタイミング。油が十分に熱せられないうちに卵を入れてしまうと、油っぽいオムレツになってしまうし、中身がトロリとした仕上がりにならなくなってしまう。

●オムレツを焼くとき、バターは冷たいフライパンに投入

オムレツは、焼き上がりの色も大切なポイントになる。しかし、温まったフライパンにバターを溶かし入れると、バターは焦げてしまいがち。バターの焦げが卵に移れば見た目が台無しになってしまう。

そこで、オムレツを焼くときは火をつける前にフライパンにバターを入れるのがベター。溶けはじめたらフライパンを火からはずして余熱でゆっくり溶かし、そこに卵を流し入れるのだ。

こうすると、バターが焦げないため香りもよく、色もきれいに仕上がる。

●大きなオムレツをつくるには、かきまぜてはだめ

1個の卵でも、ふつうより大きくてふわふわのオムレツをつくることができる。ポイントは、フライパンに流し入れた卵を菜箸でかきまぜないこと。焼き色がつくまで、じっと我慢だ。

まず、卵の白身でメレンゲをつくる。泡立て器を持ち上げたときに角が立つくらいよく泡立てて、そこに黄身をそっと入れる。塩・コショウなど好みで味付けしたら軽く混ぜる。まぜすぎると〝ふわふわの元〟の泡がつぶれてしまうので注意。箸で軽く10回くらい切るようにするだけでよい。

そのあとフライパンに流し入れて中火で焼くのだが、このとき、ふつうのオムレツをつくるときのように絶対にかきまぜてはいけない。そして、うっすら焼き色がついたらオムレツ形に整える。こうすれば、ふつうの3倍ぐらいの大きさで、ふわふわのオムレツができ上がるのだ。

●小さくてこんもりしたオムレツは、お玉でつくる

お弁当にも、ホームパーティーの料理にも合う小さなオムレツ。どうやってつくるのかといえば、答えは簡単。お玉を使うのだ。

溶きほぐした卵を塩・コショウで味付けしておく。金属製のお玉を直接火にかけて温め、サラダ油を多めにひいたら卵を入れる。フォークを使ってくるっと返しながら焼くと、ハイ、小さくてかわいいオムレツのでき上がり。

餃子を香ばしくつくる裏ワザ

●ジュワっと肉汁があふれる餃子の裏ワザ①

餃子専門店やラーメン屋さんでは、中から肉汁があふれるおいしい餃子を食べることができるが、家庭で餃子をつくると、ジュワっと肉汁あふれる餃子をつくるのはむずかしい。

だが簡単なコツがある。餃子の中身の具をつくるときに、ひき肉にラードを少量加えるのだ。これだけで肉汁あふれるジューシーな餃子ができる。

●肉汁あふれる餃子の裏ワザ②

肉汁あふれる餃子をつくるもうひとつの方法は、ひき肉をこねるときに中華スープの素を溶かしたスープを、ひき肉100グラムに対して大さじ3杯ほど入れてつくると、焼き上がった餃子はとてもおいしくジューシーになる。

●肉汁あふれる餃子の裏ワザ③

餃子の具はひき肉に白菜、ニラ、ねぎ、キャベツなどの野菜を切ったものを加えて混ぜる。このとき、白菜やキャベツは塩でもんで水分を絞ってから混ぜるのがふつう。しかし、キャベツや白菜を塩でもまずに、そのままひき肉に加えて混ぜると焼き上がりがジューシーになる。

●パリっと香ばしい羽根つき餃子をつくるワザ

餃子の焼き方は、パリパリで皮と皮の間に薄くて香ばしい羽根がついているのが理想。ふつう餃子を焼くには、フライパンに餃子をのせて焼いてから、水を入れてふたをし、蒸し焼きにする。だが、最後に蒸すとパリパリにはならず、べチャッとなってしまう。

まず、羽根の材料を用意する。水50ccに小麦粉を小さじ2杯を溶かしておく。フライパンにサラダ油をひいて餃子をのせて加熱したら中火で1分半ほど焼く。羽根の材料を餃子に回しかけ、ふたをして約5分ほど蒸し焼きにする。焼けてきたら、ごま油をフライパンに回し入れて、ふたをしないで焦げ目がつくまで焼く。このとき菜箸を羽根の下に滑り込ませて皮がフライパンにつかないようにし、餃子を回しながら焼き、好みの焦げ目になったら、皿をかぶせてひっくり返せば、羽根つきパリパリの餃子ができる。

フライをおいしく揚げる裏ワザ

●フライをサクサクに揚げるワザ

トンカツ、エビフライ、カキフライなどのフライは、サクサクに揚がった衣がおいしさの秘訣。でも、家ではサクサクに揚げることができない。ところが、サクサクに揚げるこんなワザを教えよう。

ふつう、フライは肉などの具に小麦粉→卵→パン粉の順につけていく。これを、まず卵と料理酒と小麦粉をまぜ合わせたものをつくっておく。小麦粉100グラムに対して料理酒は100ccくらい。卵は1個。これをよくまぜ合わせておく。この液に具材をつけたらパン粉をまぶして揚げると、サクサクに揚がるのだ。料理酒のアルコールの成分が、加熱によって蒸発するとき、具の水分も蒸発させるからだ。

●オリーブオイルで揚げるとサクサク！

フライはふつうはサラダ油で揚げるが、オリーブオイルを使って揚げると、驚くほどサクサクに仕上がるのだ。ほかの油に比べて具材に素早く熱を通すので、油っぽくならずにいつまでもサクサク。

オリーブオイルは高価なものもあるが、缶入りのものなど、お手頃なものもあるのでそれを使うか、サラダ油とまぜて使ってもいい。

●フライの衣がはがれないように揚げるワザ

フライはうまく揚げないと衣がはがれてしまうことがよくある。そんなときは、このひと手間ではがれにくくなる。いつものフライを揚げる手順で、具材に小麦粉、溶き卵、パン粉をつけるとき、溶き卵の中に大さじ1杯のサラダ油を入れてよく混ぜる。このサラダ油入り溶き卵をつけてあとはいつものように揚げるだけ。これで衣ははがれにくくなる。

●安い豚肉でもやわらかいトンカツを揚げるワザ①

トンカツはまわりの衣はサクサクで、中の豚肉がふっくらとやわらかいのがベスト。高価なロース肉やヒレ肉ではなく、特売の豚肉でもやわらかく揚げるコツがある。

豚肉の表裏を肉叩きで叩いてよく伸ばす。肉叩きがなければ包丁の背でもいい。伸ばした豚肉を牛乳にひたひたになるようにつけて、30分ほど置く。牛乳をふき取り、あとはふつうに揚げるだけで、やわらかいトンカツのでき上がり！

●安い豚肉でもやわらかくトンカツを揚げるワザ②

豚ロース肉は、包丁の刃の先で全体を突き刺して切り込みを入れていく。肉叩きで叩いて肉をよく伸ばし、広がったらまたギュッと寄せて元の大きさに戻す。あとはいつもの通りに揚げる。

伸ばしてもまたギュッと元の大きさに戻すので、厚みがありとてもやわらかいトンカツになる。叩き過ぎると肉がペラペラになってしまうから注意してほしい。

ポテトチップスでコロッケをつくるワザ

じゃがいもでつくるコロッケはおいしいけれど、じゃがいもをゆでてつぶすのが面倒だというとき、市販のポテトチップスで簡単にコロッケがつくれるのだ。

ポテトチップス100グラムを粗くくだいてお湯をかけて3分ほど置き、ふやかす。ひき肉50グラムとみじん切りにした玉ねぎ1個分を炒めて、塩コショウしたら、ふやかしたポテトチップスに入れてよくまぜ、丸くタネをつくり、あとはいつものフライの要領で小麦粉、卵、パン粉をつけて揚げるだけで、簡単にコロッケができ上がり。

ポテトチップスの代わりにマッシュポテトを使ってもラクにつくれる。

揚げないコロッケでカロリーカットのワザ

コロッケはおいしいけれど、油で揚げるのでカロリーが高い。ダイエットを気にしている人は、揚げないコロッケをつくろう。

まず、パン粉をフライパンできつね色になるまで炒めておく。油を使わず炒めるからヘルシーだ。じゃがいもをゆでてつぶし、ひき肉、玉ねぎを炒めたものをまぜて丸くタネをつくり、炒めたパン粉をタネの表面をおおうようにつけるだけ。油で揚げないから簡単で、パン粉が香ばしくておいしい。

天ぷらをおいしく揚げる裏ワザ

●天ぷらの衣は冷やしてつくる

天ぷらは何といっても衣がサクッと揚がってなければおいしくない。天ぷらの衣はふつう、冷水200ccに卵1個をまぜ、小麦粉200グラムを加えて軽くまぜる。サクッと揚げるのは難しいが、いくつかのコツがある。

まず、衣の温度を上げないこと。衣の温度が上がると粘りが出てしまうのだ。そこで、衣に使う水は冷水。小麦粉は冷蔵庫で冷やしておくこと。

●天ぷらの衣をサクッと揚げるコツ

次に、衣に入れる卵の代わりにマヨネーズを使うこと。小麦粉100グラムに対してマヨネーズは大さじ2杯くらいがいい。マヨネーズに含まれている大量のレシチンが衣に気泡をつくる。マヨネーズのレシチンは油と結びついているので、気泡がたくさんできてサクサクになるのだ。

●天ぷらの衣に卵を使わず酢を入れるワザ

そして、卵を使わずに酢を入れると、驚くほどサクサクに。小麦粉100グラムに対して冷水100ccに穀物酢を大さじ½杯をまぜて衣をつくる。あとはふつうに具材に衣をつけて揚げるだけ。酢は、小麦粉の粘りを出すもとになるグルテンの形成を阻害するのだ。

実際に、天ぷら屋さんではこのワザで揚げる店も多いという。

●冷めてベタっとなった天ぷらをサクサクに復活させるワザ

揚げたての天ぷらはサクサクだったのに、時間がたったらベタっとなってしまうことはよくある。電子レンジで温めてもサクサクには戻らない。こんなとき、サクサクに復活させる意外なワザがある。

ボウルに水をはり、冷めてしまった天ぷらを水の中に入れて衣にたっぷりと水分を含ませる。それをバットの網の上にしばらく置いて余分な水気を切っておく。これをもう一度

１８０℃の油で揚げれば、揚げたてのサクサク感が戻って味もおいしくなる。水分を含ませたら、揚げるときに油がはねないかと心配になるが、意外にも油はねはしない。

天ぷらは、衣の中に気泡ができるとサクサクになるのだが、時間がたつとこの気泡が潰れてベタっとなってしまう。そこで、衣に水分を含ませてふくらませて油で揚げると、水分が蒸発してまた気泡ができて、揚げたて同様のサクサク感が復活するのだ。

●天ぷらの衣が残ったら捨てないで！

天ぷらをつくると、どうしても衣が残ってしまう。この残った衣を捨てている人は多いようだが、もったいない。衣の中に干しエビ適量、刻んだねぎ適量を入れてフライパンで焼けば、簡単お好み焼きができる。

衣の中に入れる具は、ハムやチーズを細かく切ったものとキャベツの千切りなど、冷蔵庫の残り物なら何でも応用できる。

カレーをおいしくつくる裏ワザ

●市販のルウでつくるカレーに入れる隠し味

カレーは誰もが好きな国民的メニューで、それこそ人によって、その家によって、好みのつくり方や味がいろいろある。本来なら、カレー粉を炒めてスパイスをきかせて自分でルウをつくると本格的だが、そんな手間をかけられないときは、市販のルウを使っても十分においしくつくれる。

市販のルウを使うときは1種類ではなく、2種類のルウをまぜて使うとおいしくなる。

また、つくったカレーの味がいま一つというときは、隠し味に次のものがおススメだが、人によって好みの味があるので、自分が好きな隠し味を見つけよう。

① カレーに焼いたプチトマトまたはホールトマトの缶詰めを加えると、コクが出る。
② 最後にココアの粉を小さじ2杯くらい加えると味にコクと深みが出る。
③ 塩辛を適量加えると辛さに絶妙な味わいがプラスされる。
④ 粉末のポタージュスープの素を大さじ2杯加えると、まろやかな甘みが出る。

第2章 ◎ 肉料理の裏ワザ

おいしい肉選びのコツ

●牛肉は色むらのない鮮赤色がよい

切ったばかりの牛肉は暗赤色をしているが、空気にさらされているうちに鮮やかな赤色に変わる。買うときは赤身が鮮やかな赤色で色むらがなく、脂身は白か乳白色、赤身と脂身の境目がはっきりしているものがよい。

●ステーキにするなら、肉厚のものを選ぶ

同じ重量だけれど、ちょっと薄めで大きい肉と、ちょっと厚めで小さい肉と、どっちを選ぶ？

ステーキにする場合は、同じグラム数なら絶対に厚みがある肉を選ぶべき。焼く面積が狭いぶん、肉汁を閉じ込めてくれるから、おいしく仕上がるのだ。

●牛肉は、和牛か国産牛が安心

牛肉には3種類ある。和牛、国産牛、外国産牛だ。

おすすめは、高価だが、やはりもっとも品質がよい和牛。本物の和牛の表示には「黒毛和牛」など、「和」のひと文字が入っているので、「黒牛」「黒毛牛」などという表示に惑わされないようにしよう。

次に、肉はかためだが国産牛（外国産であっても3カ月以上日本で育てられた牛のこと）。そして外国産牛だが、肉を柔らかくするために肥育ホルモン剤が使われていることがあるので、おすすめの順位は最後になる。煮込みや焼く料理ならよいが、生や半生で食べたい場合などは、やはり安心できるのは和牛か国産牛である。

●豚のモモ肉は〝内モモ〟を選ぶ

豚肉は買ったらすぐに調理するのが望ましいが、豚肉は水分が多いため、パックされているものを買うときはドリップと呼ばれる水分が流れ出ていないかを確認。

豚肉のなかでもモモ肉は人気だが、〝モモ肉〟と同じように表示されていても、ピンク色の〝内モモ〟と赤みの強い〝外モモ〟の2種類がある。内モモのほうが柔らかくてジューシーなので、色の違いをチェックして、そちらを買いたい。

またスーパーなどで「SPF豚」という表示を見かけるが、これは「特定病原菌不在」を表し、病気にかかった豚ではないことを証明するもの。柔らかくて風味がよく、豚肉特有の臭みもなく、安全とおいしさの代名詞といえる。

●トリ肉は〝水分・かたさ・ツヤ・皮〟で選ぶ

鮮度が落ちた肉からはドリップが出るが、とくに出やすいのはトリ肉だ。トリ肉も傷みが早いので、パックで売られているものを買う場合はドリップが出ていないかを確認したい。

肉のかたさとツヤ、皮の状態もチェック。かたさはパックの上からそっと肉を触ってみるとわかるが、鮮度が落ちた肉は弾力がなくグニャッとしている。また、古いものはテラテラ光って見えるが、新鮮なものには適度なツヤがある。皮は毛穴のブツブツが盛り上がっているものほど新鮮で、古くなると粘り気が出てぺたんと平べったくなってくる。

●健康面からいえば、地鶏か銘柄鶏がおすすめ

トリ肉には「地鶏」「銘柄鶏」「ブロイラー」の3種がある。

比内地鶏、名古屋コーチン、薩摩地鶏が三大「地鶏」である。いうまでもなく最高級の品質だが、高価なのでそうそう買うわけにはいかない。「銘柄鶏」は天然飼料を与え、飼育日数を長くした赤鶏やブロイラーのこと。「ブロイラー」は安価なのはいいのだが、薬剤をまぜた飼料で育てられることが多いため、安全面からは地鶏か銘柄鶏がおすすめだ。

●ひき肉は脂身の比率を見て、全体が白っぽいものは避けよう

ひき肉には牛、豚、トリ、牛と豚の合いびき肉の4種類があるが、いずれの場合も選ぶときは脂肪をチェック。脂肪は全体の2～3割程度がちょうどよく、全体に白っぽさが目立つものは脂っぽいので避けたほうがよい。

牛ひき肉は鮮やかな赤色、豚肉は赤みがかったピンク色、トリ肉は淡いピンク色のものが新鮮。トリ肉の場合は、全体的に黄色っぽく見えるものには脂肪が多い。いずれも黒ずみがあるものや、ドリップが出ているものには注意。

また、ひき肉は買ってきたらすぐ冷蔵庫に入れ、調理するときも冷蔵庫から出したら時間をおかずに調理するのがよい。そうしないと、脂肪が柔らかくなって分離してしまう。

●レバーはツヤとプリプリ感で見る

レバーは塊で買うのが望ましいが、表面にツヤがあり、揺らしてみてプリプリッと弾力があるものを選ぶ。切り身の場合は切り口が立ち、角もピンと張っているものがよい。牛や豚レバーは新鮮なものは暗赤色をしているので、黒っぽいものは避けよう。鶏レバーは赤みがあるものを選ぶ。

肉の下ごしらえのコツ

●冷蔵・冷凍していた肉は、調理前に常温に戻す

肉が冷えていると火の通りが悪く、生焼けの原因になってしまうので、調理する前に冷蔵庫から出して常温に戻しておく。また、冷凍した肉はレンジでチンすれば早いが、解凍ムラが起こりやすいし、うま味を保つためにはやはり自然解凍がいちばん。冷蔵庫にいったん移してゆっくり解凍したあと、常温に戻すようにしたい。

その際、時間をおきすぎて肉汁が流れ出てしまったら、日本酒やワインでうま味を加え

る救済方法がある。しかし、それよりも肉じゃがなど味の濃い料理に使ったほうがよい。

●肉は、むやみにたたいてはだめ

〝肉をたたく〟というのは、よくいわれること。肉を柔らかくしたり、調理しているときに反り返ったり縮んだりさせないためにも、また熱の通りを均一にするためにも、すりこぎや包丁の背などでたたくとよいというわけだが、これは基本的にかための肉の場合。

むやみにたたくとせっかくの肉汁を流してしまうので、たたいてよい肉と、もったいない肉を見極めることが大切だ。

●たたいてもったいない肉は筋切りだけで十分

よほどかたくないかぎり、肉はたたくのではなく包丁の先で筋を入れるだけで十分。この筋切りをしておけば、焼き上がったときに肉が縮んだり反り返ったりせず、形がしっかりときれいに仕上がる。

その際、赤身と脂身の境目にある筋に2～3センチ間隔で3～4カ所包丁を入れる。切れ目が多すぎると、うま味が逃げてしまうので注意。

やや厚めの肉なら裏と表、両方筋切りをするとよい。薄切りの肉でも、豚のしょうが焼きのように丸ごと1枚で焼くときは、筋切りをしたほうが焼き上がりがきれいになる。また牛や豚のロースや鶏モモ肉など、厚みのある肉の場合は内側全体に2～3センチ間隔で切れ目を入れておくと火の通りがよくなる。

●肉に下味をつけるときは時間厳守で

肉料理の出来・不出来は、下味をしみ込ませる時間の長短によっても大きく左右される。下ごしらえの合わせ調味料に長く浸けすぎると、肉汁が流れ出して肉がかたくなり、味も濃くなってしまう。そこで、しょうが焼きなど薄い肉の場合は、せいぜい10分を限度として浸けるようにする。鶏のから揚げなら最低でも1時間、スペアリブなら最低半日など。厚めの肉や脂肪の多い肉はタレがなじみにくいし、肉の種類や厚さによっても変わってくるので、浸けておく時間には注意が必要だ。

●下味の塩は、30センチの高さから

肉に塩を振るときは近くからではなく、30センチくらいの高さから振ると均一になる。

これは尺塩といわれるが、プロの料理人が30センチ（1尺）くらいの高さから塩を振ることからきている。

また塩・コショウなどで味つけをすませたあと、薄く片栗粉をまぶしてよけいな粉をはらっておけば、コクとうま味を逃さずに調理できる。

●調理する前に熱湯に浸け、肉の薬物成分を取り除く

「肉の選び方」でも触れたが、牛や豚、鶏を飼育するなかで薬物が使われることがある。その肉に取り込まれた薬物を抜く簡単な方法は熱湯処理。肉をザルに入れて熱湯に30分ほどつけて溶かし出すのだ。

また、しょう油や味噌に漬けてもよいが、つけ汁はよくふき取ってから調理すること。煮込みなどの場合はアクとしても出てくるので、アクをていねいに取ることも忘れずに。

●かたい肉をジューシーに変身させる

高価な肉ならおいしくて当たり前。しかし、安くてかたい肉をグレードアップするワザがある。

肉にサラダ油やダイコンのおろし汁、ショウガの絞り汁をまぜ合わせるなどさまざまな方法があるが、ここでは風味をプラスしてさらにおいしくするやり方を紹介しよう。

そのグレードアップ法とは、果物を利用する方法だ。パイナップルやナシ、キウイ、パパイアなどの果物をすりおろした中に肉を30分くらい浸けておく。そうすると、果物の酵素が肉のたんぱく質を分解して肉を柔らかくするうえ、ほんのり甘みもついてとてもおいしくなるのだ。

●安い牛・豚肉を高級な味に変身させるコツ

安くてかたい牛肉や豚肉を、タマネギのパワーで変身させるワザがある。タマネギをすりおろして同量のサラダ油とまぜ合わせた中に肉を浸け込み、1日冷蔵庫でねかせる。

そうすると、タマネギの成分が安い肉の臭みと脂っぽさを消し、さっぱりした味に変えてくれるのだ。空気にさらさないよう、肉がひたひたになるくらいに浸け込むのがポイントだ。

●トリ肉は、はじめに余分な脂身を取り除いておく

から揚げでも照り焼きでも、トリ肉は余分な脂肪を取り除いておくことでおいしさが全く違ってくる。包丁で脂肪をていねいにそぎ落とすと、安い肉でも弾力がありながらふんわりして、味もしっかりなじむようになる。

それに、トリ肉は低カロリーなことでも人気があるが、皮の周辺についている黄色い脂肪をそのままにしていると、豚肉などと変わらないくらいのカロリーになってしまうことも忘れてはいけない。

●ブロイラーのトリ肉をグレードアップ！

家計に優しいブロイラーでも、ワンランクアップの味にする方法がある。

トリ肉全体に塩をよくすり込んで、酒を少量ふりかける。これをバットに入れて上から軽く重しをし、冷蔵庫に入れておく。2時間以上ねかせると、余分な水分が抜けてブロイラーの水っぽさがなくなるのだ。

さらにトリ肉の水分をふき取って密閉容器に入れ、プレーンヨーグルトをかける。その

まま冷蔵庫でさらに2時間以上ねかせれば肉の臭みもなくなり、驚きのおいしさになるのだ。ヨーグルトは調理するときに洗い流せばよい。

●鶏のムネ肉を真空低温調理法でジューシーにする

真空低温調理法とは、フォアグラ料理のためにフランスで編み出された方法だが、この調理法を応用すれば、パサパサした鶏のムネ肉をジューシーな味わいに変身させることができる。

肉にオリーブオイルを塗り、空気が入らないようにラップを4~5重にしっかり巻いたら、ラップごと70℃くらいのお湯に入れる。肉が200グラムとして、加熱時間の目処は約15分。加熱し終わった肉は、すぐに氷水で冷やす。

こうすると、しっとりした食感に生まれ変わるのだ。70℃のお湯で規定時間どおりにゆでることがポイントだが、大きめの鍋を使って弱火でゆでると温度を保ちやすい。

●レバーの臭み消しにはパイナップル

レバーを流水に5分以上さらして血抜きをし、そのあと牛乳やおろしタマネギ、出がらしの緑茶などに浸すと臭みは抜けるが、さらに食べやすく風味をプラスする方法がある。血抜きしたあと、レバーをパイナップル缶のシロップの中に浸けておくのだ。それを半日冷蔵庫に入れておくと臭みが抜けるだけでなく、ほのかな甘みが加わってとてもおいしくなる。

牛肉料理のコツ

●ステーキを焼く時間は短いほどよい

ステーキを焼くときは気合いが大事だ。前述のとおり、ステーキの肉は、肉汁が逃げてしまうのでたたいてはだめ。

冷蔵庫から取り出した肉が常温に戻ったら、まずフライパンを強火で十分に熱してから油をひく。火加減を見るには、塩をひとつまみ入れてみるとよい。塩が跳ねるようなら、ちょうどいいタイミングだ。肉をフライパンに入れたら、あとはうま味を閉じ込めるために、とにかくなるべく短い時間で焼くことが最大のポイントになる。

●ステーキをおいしく仕上げるコツ

塩は肉をかたくし、肉汁を出してしまうので、味付けの塩・コショウは焼く直前にするのがコツ。焼き方としてはレア、ミディアム、ウェルダンがあるが、その焼き具合をみるには指で肉を押してみるとよい。レアは頬、ミディアムは耳たぶ、ウェルダンは鼻の頭の柔らかさが目安になる。いずれも強火で一気に焼き、焦げ目がついたら火を止める。

また、何度もひっくり返すのは厳禁。これでもまた肉汁が出てしまうし、肉もかたくなるので、返すのは一回だけに。盛りつけるときに上になるほうを先に焼き、十分に焼き色がついたら裏面を焼くようにする。

●ステーキを焼いたあとの残りでソースをつくる

フライパンに残った肉汁と脂を捨ててはいけない（脂が多すぎるときは少し捨てる）。そこに赤ワインを加え、フライパンにくっついている肉のうま味をへらでこそげ落とすようにしながら煮詰めていくと、それだけでおいしいステーキソースができあがる。

また、ニンニクとタマネギをすりおろしポン酢と合わせたものに、フライパンに残ったうま味と脂を入れてもおいしいソースになる。

●オーブンを使わずにローストビーフをつくる

ステーキ同様、シンプルな味付けで肉のおいしさを味わうのがローストビーフ。しかし、大きな塊肉をオーブンで焼くのは面倒だと思いがちだが、フライパンでもつくれる。

肉に塩・コショウをしたら常温で30分くらい置いておく。好みですりおろしたニンニクを肉にまぶしてもよい。フライパンにオリーブオイルをひいて、焼き色がつくまで肉を焼いたら蓋をして蒸し焼きにする。そのときタマネギやニンジン、ジャガイモなどの野菜を一緒に焼くと火加減が柔らかくなり、いい按配になる。

フライパンにたまった肉汁を肉にかけながら焼くとおいしくなるのだが、これでできがり、というわけにはいかない。焼き上がった肉は、冷めるまでねかせなければいけない。

●塊肉は、冷ましてから切る

ローストビーフのような塊肉を切るときは、温かいままではだめ。焼きたては肉の組織が縮まっているため肉汁が出やすいからだ。焼き上がった肉は、アルミホイルに包んで１

時間くらいねかせることがポイント。

つまり、アルミホイルで保温しながら冷ますと肉の表面の熱が中にじわじわ伝わり、中心が柔らかく仕上がるのだ。冷めたら2～3ミリの厚さに切っていくが、包丁を大きく動かすと肉が崩れるので小刻みに動かして切るのがコツ。

食べるときはホースラディッシュ(西洋わさび)で。なければ本わさびでもよい。

●薄切りなら、冷凍肉もそのまま調理

冷凍した肉は調理する前に常温に戻すのが原則だが、冷凍庫から出してそのまま使える場合もある。たとえば、牛や豚の薄切り肉だ。

牛丼なら最初にしらたきを鍋で炒め、タレを加えて煮立ったところで冷凍肉を手でひと口大にちぎって入れる。さらに、焼き豆腐やタマネギなどを加えて火が通ったらでき上がり。手早く簡単に料理したいときに使えるワザだ。

豚肉料理のコツ

●トンカツに衣をつけたあと、冷蔵庫で冷やす

トンカツの肉もステーキと同様、常温に戻してから衣をつけるが、衣をつけるときに注意したいことが2つある。

①最初の小麦粉は〝薄く、均等に〟まぶし、ていねいに払っておく。

②次の溶き卵はしっかりかりまぜておかないとムラになってしまうので、少量のサラダ油を加えるとよい（そして、最後にパン粉をつける）。

こうしておけば衣はしっかりかりつくが、もし①②が不十分だったとしたら、揚げている途中ではがれてしまうことがある。これは、衣が乾いてしまったことが原因だ。

そこで、念入りにやるなら、衣をつけたあと乾きを防ぐために濡れフキンかラップをかけて冷蔵庫に入れ、15～20分程度冷やすとよい。

●トンカツは、最後に強火でカラッと揚げる

トンカツは180℃に熱した油で中火で2分。これが揚げの目処だが、仕上げの直前に強火にすると、カラッと揚がる。

もし揚げの時間に失敗して食べるときに生っぽかったら、揚げなおすのではなく、ラップをせずに電子レンジで約1分加熱すればよい。

●柔らかローストンカツをつくるワザ

ステーキの肉はたたいてはいけないが、豚ロースをたたいて揚げると、箸でもサクッと切れるくらい柔らかいトンカツになる。

すりこぎや包丁の背で肉をたたいて伸ばし、広がったところを両端からギュッと戻して元の大きさにする。そこに塩・コショウをし、衣をつけて、あとはふつうに揚げるだけ。こうすると、子どもからお年寄りまで、誰もが食べやすい柔らかトンカツになる。

ちなみに、トンカツといえばロースかヒレ。それぞれ好みだが、じつは脂身のあるロースよりもヒレのほうがコレステロール値が高いことも覚えておこう。

●揚がったトンカツは新聞紙でくるんでおく

トンカツを油から引き上げたら油切りをするが、専用のトレイを使わなくても、2枚重ねにしたペーパータオルで包み、さらに新聞紙でくるんで3分くらい置いておくとよい。

こうすると油切りになるだけでなく、余熱が伝わって肉が柔らかくおいしくなるのだ。これは、昔トンカツ屋さんがやっていたやり方だ。

●トンカツ用のロース肉が余ったら味噌漬けに

ロース肉は、味噌漬けもおいしい。合わせ調味料の配分は味噌10に対して、酒1、みりん1。それらをよく練り込んで一昼夜ねかせておく。味噌は、甘口の白味噌が合う。肉に軽く塩を振り、出た水分はふき取っておく。

密閉容器に味噌を敷き、その上にガーゼを乗せて肉を並べ、またその上にガーゼを乗せて味噌を塗る。これを繰り返し、蓋をして冷蔵庫へ入れる。

3日目あたりが食べごろだ。浸けすぎると味が損なわれるので注意が必要だが、冷凍すれば10日ぐらいはもつ。

●豚のしょうが焼きを魚のグリルで焼いてカロリーカット

豚のしょうが焼きは適度な脂身がないとおいしくないが、フライパンを使うとサラダ油も加わるためカロリーが気になることも。そこで、少しでも油分を減らしたいときは、魚を焼くグリルで肉を焼くとよい。焼き油もいらないし、余分な肉の油は受け皿に落ちる。

こってり感がなくなるため、おいしさが半減するのではと思うかもしれないが、うま味は損なわれない。

●豚の薄切りは小麦粉か片栗粉をまぶしておく

豚の薄切り肉はしょうが焼きや肉野菜炒め、青椒肉絲（チンジャオロースー）など、いろいろな料理に使えて重宝だ。その薄切り肉だが、炒めるときに軽く小麦粉をまぶしておくとよい。火を通したときに肉汁が流れ出るのを防げるのだ。

また、片栗粉をまぶすと肉汁もうま味も閉じ込めてくれるし、タレにもちょうどいいトロみがつく。

●豚のバラ肉はさっとゆでておく

バラ肉も角煮や回鍋肉（ホイコーロー）など、いろいろな料理に使えて便利だが、脂身が多いのが気になる人も多いだろう。

そんなときは、お湯でさっとゆでておくとよい。肉の半分近くを占める脂身の1/3くらいが取れてカロリーが減り、口当たりもよく食べやすくなる。

●豚バラ肉をあっさり食べる簡単レシピ

鍋に豚バラ肉と白菜をミルフィーユのように交互に重ねて、蒸すだけ。これだけで、立派なメインディッシュになる。塩、コショウ、酒で味付けしてもよいが、調味料は何も入れずに蒸し、ポン酢をつけて食べてもおいしい。

●冷凍した豚の薄切り肉をカツレツに

豚の薄切り肉を冷凍庫から取り出したら、重なったまま食べやすい大きさに切ってカツレツをつくろう。この、凍ったまま、重なったままできるというのが何よりうれしいポイントだ。

溶き卵にくぐらせたあと、風味をよくするために粉チーズをまぜたパン粉を両面にしっかりまぶす。フライパンにサラダ油とバターを同量入れて熱し、5～6分焼くのだが、このときフライ返しで押し付けながら焼くとよい。表面がきつね色になったらでき上がり。

●炊飯器で豚の角煮をつくる！

炊飯器で豚の角煮をつくると、煮崩れもなく、途中のチェックも必要ないのでラクチンだ。

豚バラの塊肉を500グラムくらいとして、湯500ccとスライスしたショウガ、ニンニクを炊飯器の内釜に入れ、しょう油・油各大さじ3強、みりん大さじ2、砂糖大さじ3の合わせ調味料を加えて混ぜる。そこに約20分下ゆでした肉を入れ、ほかの具も入れて「炊飯」のボタンを押すだけ。

これで十分味はしみ込んでいるが、ひと晩おくと、さらにおいしく食べられる。また、調理後の炊飯器の臭いが気になる場合は、たっぷりの水に酒大さじ1を加えて「炊飯」すると、臭いは消える。

●トンカツをオーブントースターでつくる！

おいしいけれど、後片付けが面倒だし時間もかかるのが揚げ物。しかし、オーブントースターを使えば、短時間で揚げ物ができる。トンカツでもから揚げでも、揚げ物ならなんでもこの方法でできるのだ。

衣をふつうより薄くつけ、サラダ油を塗ったアルミホイルの上に並べたら、衣の上からもサラダ油を全体に薄くかける。これをオーブントースターに入れて約7分。衣がまだ白っぽかったらもう1～2分。このやり方で、香ばしい揚げ物が見事、完成。

トリ肉料理のコツ

●から揚げは二度揚げする

トリ肉は下味に浸ける時間が長すぎると浸透圧で水分が抜けて、食感がパサパサになりがち。タレに浸けておく時間は規定を守ることが肝心だ。

だから、ちょっと浸けすぎたというときは、衣をつける前に適量の水を入れたビニール袋の中に味つけしたトリ肉を入れて10～20回もんだあと、水分を拭き取る。それから170～180℃の油で揚げればジューシーに仕上がる。

また、から揚げの肉は厚みがあるので、二度揚げするとよりおいしくなる。中温の油で中まで火を通し、きつね色になったら全部取り出す。そのまましばらく置いておき、余熱を利用してなるべく中まで火を通す。

そして再び油の温度を上げ、もう一度肉を揚げて手早く引き上げると、衣の中の油が切れてカラッとしたから揚げになるのだ。

●ポリ袋でから揚げをつくる

から揚げをつくるときは、ポリ袋が便利だ。

下味をつけたトリ肉とから揚げ粉を一緒にポリ袋に入れ、袋の口を手で閉じたままもむと、肉にまんべんなく粉がつく。ポリ袋はそのまま捨てればよいので、洗い物もすくなくてすむ。

●鶏のモモ肉を油を使わず、ヘルシーに調理する

①　チキンソテー

ただ焼くだけの、簡単お手軽なチキンソテー。だがモモ肉は厚みがあるので、表面はこんがりなのに中が生焼けだったなど、上手に仕上げるのは意外に難しい。それに油はねがけっこうあるので、あとの掃除も憂鬱。そこで、油を使わずに蒸し焼きにする方法を紹介しよう。

塩・コショウ・ニンニクなどで味付けしたら、トリ肉についている脂だけで焼くのだ。油を使わないぶん、ヘルシーでもある。

中火で熱したフライパンに、皮を下にして肉を入れる。そして蓋をして蒸し焼きにすれば、中まで火が通りやすくなる。肉の表面が白っぽくなったらひっくり返し、また蓋をして、裏面にもこんがり焼き色がつくまで焼けばでき上がり。

②　照り焼き

味付けしていない肉をチキンソテーと同じように焼いたあと、しょう油・みりん・砂糖（5・5・3くらいの比率で）を合わせたタレをフライパンに入れ、肉をひっくり返しな

がら2〜3分煮詰めれば、照り焼きになる。

●超簡単！ トリ肉の南蛮漬け

アジの南蛮漬けはおなじみだが、トリ肉でやってもおいしい。

しょう油、酒、みりん、ニンニク、ショウガなどの合わせ調味料で下味をつけたトリ肉に片栗粉をまぶし、多めのサラダ油で焼く。

その前にしょう油、砂糖、酢、唐辛子に水を加えたタレをつくっておき、肉が焼けたら電子レンジで温める。温まったら、肉にかけて食卓へ。

●つくり置きしておきたい、鶏の酒蒸し

すぐに食べるおかずとしてもよいし、つくり置きしておけば麺類などの具としても重宝する酒蒸し。安価で、脂肪の少ないムネ肉でつくる簡単レシピを紹介しよう。

耐熱容器に適当に切った長ネギを敷いて塩を少し振り、その上にムネ肉を置いて日本酒をかける。容器にラップをゆるくかけ、電子レンジで4分くらい加熱。竹串を刺して透明な汁が出たら取り出す。

粗熱がとれたら適当に身を割き、ネギと、蒸して出た汁も一緒に皿に盛り、ごま油を少量たらしたら完成。

ごま油の代わりにナンプラーをたらせば、エスニック風になる。

●鶏の余った皮をおつまみに

トリ肉の皮は脂っぽいから苦手という人もいるだろう。でも、トリ皮をカリッと揚げれば、極上のおつまみになる。

脂身がついたままの皮を適当に切り、塩・コショウを振ってカリカリになるまで炒めるだけ。皮の脂があるので、サラダ油はひかなくてもよい。

また、塩・コショウしたあとに片栗粉をまぶして揚げてもよい。

ひき肉料理のコツ

●ハンバーグのひき肉は牛7・豚3がもっともおいしい

ハンバーグに使うひき肉は、牛だけでも豚だけでもいまひとつ。牛ひき肉だけでつくると肉が縮むので肉汁のうま味が流れ出てしまうし、豚ひき肉だけでつくるとジューシーだけれどコクがない。

うま味を保ちつつジューシーな味わいにするためには、牛ひき肉7に対して豚ひき肉3というのが黄金比率になる。そこで、できればパックではなく量り売りで買いたい。

また、パン粉を多めにつけるとジューシーさをより保てるので、肉100グラムにつきパン粉1/4カップをまぶすのがおすすめだ。

●ハンバーグは段階をふんで、よくこねる

こねすぎると肉の腰が強くなり、かたくなる傾向はあるが、よくこねるほうがうま味を保てる。だが、こねる際の注意点がある。材料をいっぺんにこねるのではなく、段階的にやるのがポイント。

①まず、肉に塩を振り、その状態でこねる。手早く、100回を目安にこねる。

②それから溶き卵とコショウを入れてまんべんなくまぜ合わせ、そこにタマネギと牛乳に浸してからしっかり絞ったパン粉を加えて全体をこねる。隠し味にブランデーを少し加えるのもよい。

その後は、ふつうどおりに焼けばよいだけだが、丸く成形したら、手のひらにパンパンと数回たたきつけて空気を抜く。そうすると、焼きの途中で割れにくくなるのだ。

また、火の通りをよくするために、中央をへこませてヘソをつくっておく。ヘソは焼いているうちにふくらんでくるので、焼き加減の目安にもなる。

●ハンバーグは「強火〜弱火」で焼く

ほかの肉料理と同様だが、肉汁が流れ出るのを防ぐため、最初は強火で焼くことが肝心。焼き目がついたら見た目もいいし、うま味を閉じ込めることができる。その後、蓋をして弱火でじっくり焼く。中央部に竹串を刺して透明な肉汁が出たらでき上がり。

●ハンバーグの焼きに失敗したときのリカバー術

火加減が強すぎると、中まで火が通らないうちに焦げてしまう。そんなときはソースを水で薄めて煮込みハンバーグにする。焼いている途中で割れてしまったときは、溶けるチーズを上にかぶせてチーズハンバーグにするなど、形を変えればリカバーできる。

また、いざ食べようとしたときに生焼けだったときは、電子レンジで加熱するか、アルミホイルにくるんでオーブントースターで焼くとよい。

●ハンバーグの隠し味にマーマレードを

マーマレードやジャムをソースに使うことはあるが、ハンバーグの味付けの調味料にすると肉臭さを消してくれる。

ひき肉に塩・コショウで味付けするとき、肉300グラムに対して大さじ1／2～1／3のマーマレードを加えると、とてもマイルドな味になるのだ。

●保存食に最適な鶏そぼろ

つくり置きしておけば、お弁当などにも便利な鶏そぼろ。オムレツの具にしてもいいし、卵と絹さやなどと三色そぼろ丼にしてもいい。

つくり方は簡単。200グラムのトリひき肉につきショウガ汁小さじ1、酒大さじ2、しょう油大さじ1・5、砂糖大さじ1・5を一緒にフライパンに入れ、完全に汁気がなくなるまで煮詰めるだけ。

このとき、お玉で肉を押し付けながら煮詰めると余分な水分や脂分が飛び、パラパラしたそぼろになる。冷めたら小分けにしてラップに包み、冷凍保存しておこう。

●ミートソースのコクを増すワザ

タマネギとニンニクを炒めたところにひき肉を加えるのが、一般的なミートソースのつくり方。だが、ここであるものを加えるとグンとおいしくなるのだ。それは、鶏レバー。ひき肉を加えて炒めるとき、生の鶏レバーを粗みじん切りにしたもの（ペーストでもよい）を少量加えるのだ。これだけで、不思議と格段においしくなる。

さらにトマト缶、赤ワイン、ブイヨンで下味をつけ、タイムやナツメグなどのスパイスを加えて煮込むと風味豊かなミートソースの完成だ。

レバー料理のコツ

●レバーのから揚げはおつまみやおやつに

血抜きをしたレバーを使ったおすすめは、から揚げやフライ。

から揚げは、パイナップルの缶詰のシロップに浸け、臭みを取ったレバーに片栗粉をつけて揚げるだけ。シロップでほんのりした甘みがついているので、ほかの味付けはしなくてOK。おつまみにもおやつにもおいしい一品になる。

また血抜きをしたレバーにショウガやニンニク、長ネギなどの香味野菜や酒を加えて臭みを取り、パセリなどをまぜた衣をつけてフライにするのもおいしい。

●ビールのつまみに合うレバカツ

ソース味のレバカツは、つまみにもおやつにもなる。新鮮な牛か豚のレバーを薄切りにしてウスターソースに浸けこんだあと、小麦粉・溶き卵・パン粉の衣をつけて高温でサッと揚げるだけでよい。カラシをつけてもおいしい。

●レバニラ炒めのレバーは、炒める前に一度ゆでる

豚レバーを使う定番料理といえばレバニラ炒め。おいしくつくるコツは、血抜きをしたレバーに下味をつけたあと水分をよく取り除き、小麦粉をまぶしたら、炒める前に20～30秒ゆでること。ゆでたあと水にさらして冷ませば、レバーの表面に薄い膜ができて、炒めてもプリッとした食感になるのだ。

合わせ調味料は最後に強火でからめると、べたつかずにサラッと仕上がる。

●ごくウマ！　手づくりレバーペースト

サンドイッチやバケット、クラッカーに乗せてもおいしいレバーペーストは、密閉容器に入れて冷蔵庫に保存しておけば1週間くらいはもつので、つくっておくと重宝する。

豚レバーを水洗いして血抜きしたあと、牛乳か塩水に浸して臭みをとり、ひと口大に切っておく。レバーが300グラムとして、タマネギ1／2個とニンニクひとかけをみじん切りにし、フライパンにバターを溶かして炒める。タマネギがしんなりしたら、レバーを加えてさらに炒める。

レバーに火が通ったら、小さじ1、コショウ少々、ナツメグ少々を加えてさらに炒め、粗熱をとったあとミキサーかフードプロセッサーにかける（すり鉢で滑らかになるまで練ってもよい）。最後に生クリームをまぜればでき上がり。

ハム・ソーセージ・ベーコン料理のコツ

●ハムカツを上手に揚げるワザ

お弁当のおかずとしても人気のハムカツ。しかし揚げると、どうしてもハムと衣がはがれてしまうことがある。そんなことがないように、衣をしっかりさせるワザを紹介しよう。

もともとハムには衣がなじみにくいので、〝①小麦粉②溶き卵③パン粉〟という流れを〝①②①②③〟とか〝①②③②③〟二度づけするとうまくいく。

●かたくなったハムを再生するワザ

保存に失敗すると、ハムはかたくなってしまう。そんなときは牛乳にしばらく浸けておけば、ふたたび柔らかいハムに生まれ変わる。

ちなみに、使いかけのハムは切り口にバターを塗っておけば、表面がかたくなるのを防げる。また、レモン汁や酢で切り口を拭いたあと、ラップで覆って輪ゴムで止めておいてもよい。

●ソーセージをボイルするときは切り込みを入れない

ソーセージといえば、お弁当に入っている切り込みを入れたウィンナーソーセージを思い浮かべる人も多いだろう。お弁当のウィンナーは油で焼いているので、それで問題はない。しかし、ボイルする場合はうま味を逃してしまうので、切り込みを入れないのがポイントになる。

沸騰したたっぷりのお湯にソーセージを入れたら、すぐに火を止めて蓋をする。うま味を保つために、約80℃のお湯でゆっくりと熱を通すのもコツだ。

●冷凍したソーセージは〝ゆでて〟解凍

ソーセージを冷凍庫から出したら、肉のように自然解凍するのではなく、凍ったまま熱湯でゆでるのがもっともおいしく食べられる。煮込み料理なら凍ったまま鍋に入れればよいが、炒める場合でも、いったんゆでてから調理するのがコツだ。

●サラミソーセージの皮を簡単にはぐワザ

サラミの皮がはがれにくいときは、湿らせたフキンに1時間くらい包んでおくと簡単にはがれるようになる。また、食べかけを残しておくときは、切り口に油を塗っておくと乾き防止になる。

●困ったときのカリカリベーコン

ベーコンをカリカリに炒めておくと、サラダのトッピングやスープの浮き実になるし、目玉焼きにも添えられるし、何かと便利だ。使うベーコンは、うま味がたくさん含まれている脂身の多いもののほうがよい。

つくり方は簡単。油はひかずに、フライパンで細切りにしたベーコンを強火で炒める。ベーコンの脂が出てきたら火を弱め、たまった脂を捨てながらカリカリになるまで炒めればOK。

キッチンペーパーで脂を切り、冷めてから密閉容器に入れて冷蔵庫に保存しておこう。

第3章 ◎ 魚介料理の裏ワザ

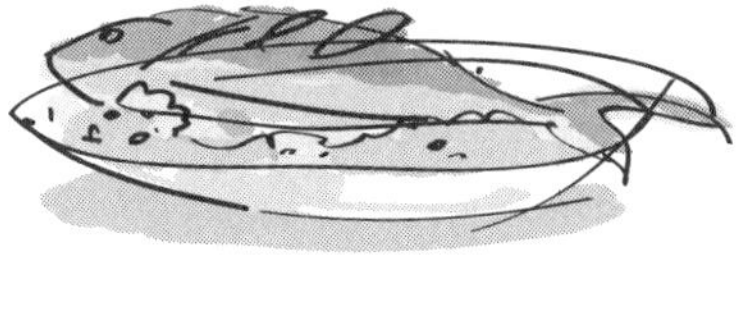

おいしい魚選びのコツ

仲よくしたい！よい魚屋さんを見つける3条件

おいしい魚介類は、鮮度の見極めがポイント。新鮮な魚を店頭に並べている、よい魚屋さんを見つけることが肝心だ。どんな個人商店、スーパーやデパートの魚売り場にも共通する、よい魚屋さんの条件とは？

①いつもお客で賑わっている。②閉店時に、残っている魚が少ない。③魚のアラを、毎日、売っている。

この3条件は、商品の回転が早い証拠だ。

一尾魚の鮮度は、黒々と潤んだ目を見て決める

一尾まるごとの魚を買うときは、種類に関わらず、まず目で判断する。新鮮な魚は、目が透明な膜でおおわれ、潤んで見える。黒目は黒々と光り、イキイキしている。古くなる

と、目がにごってくる。

新鮮な切り身を上手に見分ける4つのポイント

パックの日付は、切り身に加工された日を表示しているから、じつは加工前の鮮度とは何の関係もない。鮮度のよい切り身の見分け方は、

①パックの底に魚の血や水（ドリップ）がたまっていない。②切り口の断面がしっかりしている。③身がしまっていて弾力があり、透明感がある。④血合い（赤黒い肉の部分）の色が鮮やかな赤色をしている。

この4つのポイントをしっかりチェックする。

買った翌日でもおいしく食べるには、「たて塩」で保存

買ってはみたものの、つい後回しに。でも、たて塩に入れておけば大丈夫。たて塩とは、水1カップに対して塩小さじ1杯くらいを入れた、海水よりやや薄い辛さの塩水のこと。鮮度も落ちないし、翌日、ムニエルやフライにすればおいしく食べられる。

魚の下ごしらえの裏ワザ
まずは、基本の表ワザから

2枚おろしと3枚おろしをマスターしよう。

アジやサバなどをおろすときは、ウロコをとってから頭を切り落とし、ハラワタ（内臓）をとり除く。腹側に包丁を入れて、中身と骨のあいだを滑らせるように動かし、骨つきの身と、骨のついていない身に切り分ける。これが2枚おろし。

2枚におろした状態から、骨つきの身をさらに中骨と身に切り分け、身2枚と中骨に分けることを3枚おろしという。

3枚おろしの裏技アイテムは
ステーキナイフ

ハラワタをとって腹側から切っていくとき、包丁ではなくステーキナイフを使うのがおすすめワザ。魚の背ビレや尻ビレの下には、細かい骨がたくさんついている。初心者が3枚おろしを上手にできないのは、この骨にひっかかってしまうからだ。

ステーキナイフで力を入れずに「身をはがす」ワザをマスターしよう。さばくコツさえ身につけてしまえば、今日から魚料理の達人になれる。

包丁を使わずにできるイワシの手開き

身が柔らかくて骨も細いイワシは、包丁を使わずに手で簡単におろせる。
①頭をちぎって、指で腹を裂くようにして開き、ワタをとる。
②水を張ったボウルの中で、腹の中に親指を入れて血合い（赤褐色の筋肉）や汚れをよく洗う。きれいになったら、ペーパータオルでしっかり水気をとる。
③身と中骨の間に親指をさしこみ、中骨にそって尾のほうに親指を進めて開いていく。
④尾のつけね部分の中骨を折り、頭のほうに向かってはずす。

魚を長持ちさせるひと手間の工夫

とにかく、魚介類は鮮度が命。一尾魚も加工された切り身でも、冷蔵庫へ入れる前にひと手間かければ、さらに長持ちする。

まず、トレーから出して塩をひとつまみかける。うま味や栄養成分が流れ出ることを防ぐためにペーパータオルに包み、その上からラップで包んで冷蔵すれば、2～3日は新鮮な状態を保つことができる。

魚のウロコを散らかさないらくちんワザ

大きめの透明なポリ袋の中に、新聞紙をしき、その上にまな板を置いて魚を処理する。これならごしごし包丁を動かしても、調理台にウロコが飛び散る心配がない。透明な袋だから手元が狂うこともないし、終わったら、袋ごと捨てればゴミ処理もラクチンだ。

魚のウロコを散らかさないビックリワザ

大根のヘタなどの切れ端を使って表面を滑らせるようにすると、身を傷つけずに驚くほどきれいにウロコがとれる。

初心者でもできるイカの薄皮を上手にむく方法

まるごと一パイのイカは、下ごしらえさえすれば、胴、足、はらわた、すべて使い切ることができる優れもの。ただし、初心者には薄皮むきがやや難関だ。

正しい皮のむき方は、効き手の親指を胴の身と皮のあいだに入れて、人さし指とともにしっかりつまむ。もう一方の手で、身をしっかり押さえ、静かに皮をひっぱりながら、はがしていく。

この方法でどうしてもうまくいかないという人は、乾いたふきんか野菜ネットでこするようにふいてみて。これでツルリと向けるはず。

棲息場所で変わる貝の砂出しのコツ

殻つきの貝類は砂出しがポイント。ここで手抜きをすると、食べたときに口の中にジャリッと砂が残ってしまう。砂出しは、どんな貝でも塩水につければいいと思ったら大間違いで、種類によって方法が違うのだ。

海にすむアサリ、ハマグリは、海水と同じ3％強（水500グラムに対して塩大さじ1）の塩水につける。貝が呼吸しやすいように、頭が見え隠れするくらいが目安だ。このとき、釘や包丁など鉄分を含んだものを入れるとさらに効果的。新聞紙などをかぶせて、冷蔵庫で30分～1時間、置いておく。

アサリの砂出しには、はちみつを一滴タラリと加えるとよりおいしさがアップする。はちみつに含まれるブドウ糖に、アサリのうま味成分であるコハク酸を増やす働きがあるためだ。

淡水にすむシジミの場合は、真水で砂出しをすること。暗くて静かな場所に30分~1時間程度置いて、砂を吐かせる。

貝類は、砂出しのあとにザルにとって半日ほど置くと、うま味成分が増えてよりおいしくなる。

焼き魚のコツ

おいしさに差が出るふり塩の極意

最近の魚は鮮度のよいものが多く、臭みもほとんどないので、塩をふったらすぐに焼いてもふっくら焼ける。ただ、サバ、アジ、イワシなど背の青い魚は臭みが強く水分も多いので、焼く10~15分前にふり塩をして置き、水気をふいてから焼く。

カレイなどの白身魚は塩をふると身が締まりやすいので、焼く直前に塩をふる。冬は塩のまわりが遅くなるので、やや多めに塩をふるとよい。

フライパンにオーブンシートを敷いて温めなおす

パックの焼き魚を温めなおすときは、フライパンにオーブンシートを敷いて焼くと、ラクうまに。フライパンににおいもつきにくく、後片付けも簡単。ふたをして熱を閉じ込め、魚がパサつかないように手早く温めるのがコツだ。

味噌漬けや粕漬けは洗い流さずじっくり弱火で焼く

西京焼きや粕漬けの魚は、ペーパータオルなどで表面の粕や味噌を軽くふきとって焼くのがいい。じっくり弱火で焼くのがおいしさの決め手だ。

味噌や粕をつけたまま焼くと、黒焦げになりやすくて味も強過ぎるからと、洗い流して焼く人も少なくない。でも、洗い流すのは御法度。魚が水っぽくなるだけでなく、おいしさも半減。銀ダラのように身離れのいい魚は、水流に当てただけで身がくずれてしまう。

味噌漬けは、焼き上がりにみりんをひとぬり

味噌漬けの魚は、焼き上がったあとすぐにハケでみりんをひとぬりすると、表面が照り

光りして、つやよくきれいに仕上がる。

大人なら覚えておきたい、焼き魚をスマートに食べるコツ

一尾の魚をきれいに食べられれば、一人前。焼き魚の食べ方には順番があるって、知っているだろうか？　美しく食べるには、

①頭に近い左側から食べはじめる。
②身のついた背の側から箸を入れて左から右へ食べ、次に表側の腹の部分を食べる。
③表側を食べ終わったらひっくり返さず、骨の下に箸を入れて裏側を食べる。食べ残したワタや小骨は、1カ所にまとめておく。

魚グリルで上手に焼くコツ

熱源が上にあるグリルは、焼き網を逆さにする

昔から、焼き魚は「強火の遠火」が基本中の基本。強火で一気に焼くことで魚のうま味

を閉じ込め、ジューシーに仕上がるからだ。

強めの火で、魚に火が直接あたらないよう少し離して焼くのがベストだ。熱源が上にある家庭用グリルは、焼き網を逆さにして焼くといい。これぞ、発想の転換。

「表六分に裏四分」が昔からの言い伝え

焼き方は、最初に片側を6割、うっすらキツネ色になる程度まで焼いてから裏返し、反対側を4割焼く。返すのは一度だけ、というのが肝心だ。

焦げるのが心配でついつい何度も返したくなるが、これが身くずれの原因。焦らずに、色よく焼き目がつくのを待つことだ。

熱源の位置によって焼く面を変えるのがプロのワザ

魚はお皿に盛ったときに表になるほうから焼くとされる。つまり、切り身は皮から、干物は身から。一尾魚は頭を左側にしておくのが正しい盛り方だ。ただしこれは、下火で焼く場合の原則。

多くの家庭用グリルは熱源が上にあるので、裏になるほうから焼くのが鉄則だ。表から焼くと、いったん流れ出した魚の脂や水分が裏返したときに下（表側）ににじみでて、表側が汚れてしまう。つまり、裏から先に焼いたほうが、表側の表面がパリッときれいに焼き上がるというわけ。

おいしい魚の焼きワザは、焼く前にグリルを余熱で温める

家庭用グリルでおいしく焼くコツは、まずグリルを点火して熱くしておくことだ。はじめは強火で。これは、表面のタンパク質を固めてうま味を逃がさないためだ。皮に焼き色がついてきたら弱火にする。グリルの前面の扉が開くタイプなら、開けておくといい。空気が流れ込んで蒸し焼きふうになることを防いでくれる。

網には油、魚には酢をひとハケすると焼き魚の皮がくっつかない

せっかくきれいに焼けても、グリルからお皿に移すときに、皮がやぶけてガッカリ。そんな失敗をなくすには、焼き網に水か少量のサラダ油を塗り、魚に酢をひとハケ塗ると、皮がくっつかない。

油は網をコーティングし、酢の酸は魚の皮のタンパク質を変質させて固めてくれるから

だ。たて塩にしておいた魚も焦げつきにくい。

片面グリルの場合は、中央より端に寄せて焼く

一度に焼こうとして、たくさん詰め込みすぎないこと。片面グリルは、中央より周辺部の火力が強いので、端に寄せて焼くといい。サンマのように細長い魚は、半分に切って並べると、全体に火が通っておいしく焼ける。

中身が生焼けのときは、アルミホイルで包んで焼き直す

表面は焦げ色がついているのに、中は生焼け。そんなときは、もう一度直接網にかけるより、アルミホイルで包んで焼き直すと、表面を焦がさずに中まで火が通る。

シワシワのアルミホイルを敷いてフライパンで小魚はふんわり焼ける

シシャモなどの小魚は、火力の強いグリルで焼くと水分が蒸発してパサパサになってしまうことも。そんなときは、フライパンのほうが使い勝手がいい。

一度丸めて深いシワをつけたアルミホイルを敷いて焼くと、ふんわりキレイに。ホイル

の凸凹で接触面積が少なくなり、水分を逃さないからだ。

仕上がりに差が出る煮魚のコツ

煮汁が沸騰してから魚を入れる

上手な煮魚のコツは、煮汁に魚の臭みを残さないこと。水から煮ると、臭みが流れ出てしまうので、ほとんどの魚は、沸騰したお湯に入れるのが原則だ。ただし、アラだけは別。熱湯で洗って臭みをとったあと、水から煮ていく。

煮つける前に、湯洗いで汚れとり

サバなど青魚特有の臭みが苦手な人におすすめしたいのは、先に湯で洗う方法。あらかじめ、ウロコや内臓をとって下ごしらえしておき、鍋の湯が沸騰したら火を止め、サッと湯で洗う。魚の表面の色が変わったらすぐに引き上げ、冷水につける。冷たい水に入れることで身がキュッと引き締まる効果も。

血合いが残っていると、臭みの原因になってしまうので、水の中で残った汚れをていねいに取り除く。このひと手間で、仕上がりに差が出る。

ただし、切り身の魚は、洗うと水っぽくなってうま味が流れ落ちてしまうので、どうしても気になるなら、サッと湯をくぐらせて霜降りにすれば臭みが抜ける。

青魚は濃いめ、白身魚は薄めの味で仕上げる

煮魚に向いているサバ、イワシ、ブリなどは、濃いめの味付けでコトコト時間をかけて煮付けるのが美味のツボ。

反対に、カレイ、ヒラメなどの白身魚は、しょう油や砂糖を少なめにした薄味でサッと煮ると上品な仕上がりに。たっぷりの煮汁をかけて食べたい。

味をしみこませる秘訣は落としぶた

煮魚でよくある失敗は、たっぷり煮汁でつくるケースだ。煮汁が多すぎるとうま味が逃げてしまうので、魚が8割くらいかぶる程度がいい。でも、これでも味は十分にしみない。

そこで、しょう油、みりん、砂糖を加えたあと、中央に穴をあけたキッチンペーパーで落

としぶたをするのが成功の秘訣。これによって少ない煮汁が下から上にまわり、魚全体に煮汁が行き渡って、よく味がしみる。

また、魚が重ならないよう、できるだけ底の広い鍋を使うとよい。浅くて底面積が広いフライパンも、煮魚にうってつけだ。

魚の生臭さをとる秘密兵器

調味料といっしょに、皮付きのショウガを薄く切って加えると、青魚の臭みが消える。仕上げにショウガのしぼり汁を加えることもお忘れなく！　香りづけにもなって食欲アップすること間違いなしだ。

ネギの青い部分も効果的。梅干しや酢も消臭効果が高いうえ、骨を柔らかくしてくれる。骨の多いイワシなどを煮るときは、一石二鳥だ。

皮に切れ目を入れて、味をしみこませる

味を十分しみこませるには、皮に浅く切れ目を入れるひと手間も重要。食べやすいだけでなく、火の通りも早くなる。皮が鍋にくっつかないように、皮目を上にして煮ること。

鍋底に割り箸やキャベツを敷くと、煮くずれしない

盛りつけようと魚を移すときに、ボロリと身がくずれてガッカリした経験はだれにも一度はあるはず。そんな失敗を防ぐ決めワザは、あらかじめ魚の下に割り箸を並べたり、キャベツ（野菜）の葉を敷いておくといい。

鍋と魚のあいだにすき間をつくっておけば、鍋底にくっつかず、身もはがれやすくなる。洗う手間もカンタン！

うっかり焦がした煮魚は、別鍋で煮汁をつくり直して復活

つい目を離したスキに、煮魚が焦げてしまった！　このとき、慌てて水を入れたりかき回すと、焦げた味やにおいが魚に移って取り返しのつかない失敗作になる。

まずは、水を張ったボウルに焦げついた鍋ごと浸して冷まそう。冷えたところで魚をゆっくり別皿に取り出し、別の鍋で新たに煮汁をつくり直すのだ。取り分けた魚に温かい煮汁をかければ、おいしい煮魚が復活！

違いがわかる刺身の隠しワザ

マグロの刺身は〝サク〟で買うほうがおトク

長方形に切ってあるものを〝サク〟という。鮮度が命の刺身は、食べる直前に切ったほうが切り口も新しく、空気に触れていないぶんだけ味が落ちない。山かけはぶつ切りに、手巻きは細長くというように、用途によって使い分けできるのもうれしい。

刺身にするときは、よく研いだ包丁で、手前に引くようにスッとひと息で切るのがコツ。包丁のもとの部分から刃先まで使って、一気に引ききるといい。

上質なサクを見極めるには筋を見る

上質かそうでないかは、サクの表面にある筋の形で見分けよう。

筋が平行に入っているものほど質がよく、斜めに筋が入っているのもベター。筋の間隔が狭かったり、U字状やY字状に入っているものは尾に近い部分で、食感も筋っぽい。表面につやがあり、サクの角がシャープなものほど新鮮だ。

刺身を切るときは手を冷やすことを忘れずに

刺身を切るとき、意外と忘れがちなのが手の温かさ。ほんの少しの熱でも、刺身の鮮度や味を落としてしまう。家庭でお造りをするときは、手を水でよく洗って、冷やしておくこと。このひと手間が、おいしい刺身にする隠れワザだ。

干物魚をおいしく食べるプロのワザ

焼く前に日陰干しでうま味アップ

干物は食べる前に干し直して焼くと、グンとおいしさが増す。洗濯バサミにつり下げて、もう一度太陽に当てるのだ。

真夏の晴れた日は陰干しで、冬なら直射日光に当てても大丈夫。干す時間は、季節によって半日から１日程度。ザルに並べて金網をかぶせておいてもいい。冷凍の干物魚でも、ビックリするほどおいしくなる。

固くなった干物も、お酒の効果でおいしさ復活

固くなってしまった干物をおいしく変身させるひと手間を紹介。

焼く前にハケでお酒をひとぬりするか、お酒に浸して身を柔らかくしておくといい。お酒は干物の表面に含まれるぬめりを落とす効果があり、風味も増して生臭さを消してくれる。適度な水分が加わって、焼き上がりもふっくら。きれいな焦げ目がついてさらにおいしくなる。

魚の天ぷらをおいしく揚げるコツ

衣に紅茶の葉を混ぜて臭みを消す

生臭さが気になって魚の天ぷらは苦手という人は、衣に紅茶の葉を混ぜるといい。紅茶の消臭効果が活躍して、臭みが気にならなくなる。

衣をひとふりするだけで見た目でわかる油の温度

揚げ物は、油の最適な温度で揚げるのが一番のコツ。でも、いちいち温度計で計るのは面倒だ。見た目ですぐわかる温度の測り方を覚えておこう。

天ぷらなどの衣を箸で一滴落としたとき、底まで沈んだあとにゆっくり浮き上がってくるのは、約160度。途中まで沈んで浮きあがってくれば約170度。油の表面でパッと散るようなら約180度。これさえ覚えておけば、揚げ物名人に。

マグロ

調味料をひと工夫すれば、スーパーのお刺身もうまさ倍増

マグロは煮てよし、焼いてよし、生ならさらによし！　スーパーのパックで買ったお刺身も、調味料でひと工夫するだけでさらにおいしく食べられる。

しょう油と酒、みりん各大さじ1に漬け込んだ赤身の〝ヅケ〟は、マグロ丼や寿司ネタ

にするとおいしさMAX。洋風レシピに変身させるなら、あっさりしたオリーブオイルに漬け込む。凝縮されたうま味が深まって、まるで高級トロのよう。春に出回る白っぽいキハダマグロなら、隠し味に卵の黄身を一緒に混ぜるとコクや照りが出る。

マグロステーキにもひと味プラスしてみる。オリーブオイルとしょう油、わさび少々をミキサーにかけてつくったソースは、オリーブオイルとスライスニンニクで焼いたマグロステーキと相性バツグンだ。

サンマ

和食の達人はふり塩で減塩&うま味アップ

焼く前に、粗塩を少し多めにふるだけで、驚くほどうま味がアップする。このとき、鍋でサラサラになるまで加熱した粗塩を、魚から約30センチの高さから手を小刻みに左右にふって、指のすき間から落としていく。

10〜20分ほどおいたあと、水をはったボウルで手早く余分な塩を洗い流して焼く。ふり塩は、うま味をキープしながら臭みを取り除く一挙両得の達人ワザ。ほどよく塩味が効いたサンマは、美味間違いなしだ。

サケ

呼び塩と茶ガラを使って塩ジャケを甘ジャケにする先人の知恵

焼いたときに塩が粉をふくほど濃い塩ザケ。お茶漬けにしたらおいしいけれど、減塩対策にはマイナスだ。そこで、〝呼び塩〟〝迎え塩〟という昔ながらの冴えワザを使おう。

水カップ3に対して塩小さじ1ほどの薄い塩水に、塩ザケを1～2時間浸しておく。浸透圧の性質を利用して、濃い塩分を薄い塩水に流れさせる方法だ。あえて薄い塩水に漬けることで、うま味を残したまま塩分が抜けてくれる。

そのとき、茶ガラをちょっと入れるのが先人の合わせワザ。そうすることで、さらにうま味が抜けにくくなる。

サバ

ジューシーな焼きサバのツボは上火グリルにあり

皮にはパリッと焦げ目がついて、身はほどよくジューシー。そんな美味焼きサバは、強火・遠火に加えて、上火が最大のポイントだ。脂がのったサバは、焼いているそばから脂がポタポタ落ちてくる。下に熱源となる火があると、脂が燃えて焦げすぎてしまうことも。でも上火であれば、この脂燃えが起こらない。

ここで、おいしいサバ焼きのとっておきワザをご紹介。

①焼く前に、グリルを5分間余熱する。②サバの身の側にだけ塩をふる。皮にはふらない。③片面焼きグリルは身の側を上に5分、ひっくり返してさらに5分焼く。両面焼きグリルは皮を上にして、ひっくり返さずそのまま7分焼く。

この手順を守れば、プロにも負けない激ウマ焼きサバが家庭で食べられる。

イワシ

臭みが消えて骨まで食べられる　イワシの梅煮

ＤＨＡ（ドコサヘキサエン酸）やＥＰＡ（エイコサペンタエン酸）、カルシウムなどを豊富に含み、栄養満点のイワシ。でも、傷みやすくて独特の臭みと小骨が多いのが難点だが、そんなマイナスポイントを解消する料理法が、梅煮だ。

ショウガと種を除いた梅干しを一緒に煮れば、臭みが消えるだけでなく、梅の酸が骨までやわらかくして食べやすくなり、カルシウムも多く摂取できる。まろやかな後味さっぱり、ご飯が進む健康レシピだ。冷蔵庫で2日ほど保存が可能。サンマ、アジ、サバ、カレイも同様に。

カツオ

ニンニク漬けで臭み解消。ひと晩おいて濃厚な味に

刺身用に切ったそばから切り口が黒ずんでくるほど、カツオは鮮度が落ちやすい。スーパーで買うときは、サクで買ったほうが賢明だ。

臭みをおさえるには、ニンニク漬けがおすすめ。おろしニンニクに濃口しょう油を加えて、食べやすい大きさに切ったカツオを漬ける。ラップをして、冷蔵庫にひと晩置いておくと、身がしまって濃厚な味になる。

タイ

魚の王様は、大粒のウロコもお酒のおつまみに

下ごしらえでとったウロコはどうしてる？　タイは魚の王様というだけあって、ウロコも大粒。これが、油で揚げると意外と美味なのだ。

水洗いしたあと、十分に水気をふきとり、１７０度の油で素揚げして、ウロコの色が白からクリーム色に変わったら引き上げる。軽く塩をまぶして、アツアツのうちに召し上がれ。

ブリ

つけ汁につけず、たれはあとからスプーンでからめる

冷めてもおいしい甘辛味のブリの照り焼きは、お弁当のおかずにも最適。焦がさず上手につくるコツは、最後にたれをからめることだ。

お酒と塩をふって臭みを抜き、水気をしっかりふきとってから焼いていく。ジワジワ出てくる余分な脂をペーパータオルでふきとるひと手間も忘れずに。火が通りにくい皮のほうから弱火でじっくり焼いて、最後に濃いめのたれを加えて、ブリにからめる。加熱した

ブリは身がくずれやすいので、ひっくり返さずに、スプーンでたれをすくいながらからめるのが、ちょいワザだ。

小麦粉を使って、加熱時間を短くする照り焼きワザ

加熱しすぎると、うま味と一緒に逃げてしまうブリの脂。こってり脂も味わいたいブリは、加熱時間が短いほどいい。薄く小麦粉をまぶして焼くと、短い加熱でもうま味を逃さず、ふんわりと焼き上がる。

ウナギ

蒲焼きを炊飯器でふっくらさせる

焼きたてでやわらかなウナギの蒲焼きも、冷めればすっかり固くなってしまう。そんな蒲焼きをふわふわに復活させたいときに活用したいのが、炊飯器だ。

ご飯が入った保温状態の炊飯器に10分ほど入れておくだけ。前夜の残りとは思えないう

まさが楽しめる。

市販の蒲焼きにお酒を加えるふっくら合わせワザ

市販されているパックの蒲焼きが、パサパサ身が固くしまって味もイマイチと感じたら、添付のたれとだし汁にやや多めのお酒を加えて、ひと煮立ちさせてみる。すると、煮汁がしみこんだ蒲焼きの身が、ふっくらやわらかに。

アナゴ

こんがり焼いた頭と一緒に煮つけるとコクが出る

梅雨アナゴ、夏アナゴとも呼ばれるほど、夏においしいアナゴ。開いたアナゴを買うときは、頭も一緒にわけてもらおう。煮つけるときは、

①皮を上にしたアナゴに熱湯をかけ、すぐに氷水で冷やす。②頭は網やグリルでこんがり焼いて、油を落としておく。③鍋に酒、みりん、砂糖、しょう油を入れてひと煮立ちさ

せ、アナゴと頭を入れ、落としぶたで30分~1時間ほど弱火で煮る。
頭と一緒に煮つけたアナゴはびっくりするほどフワフワになり、味にコクが出る。

イカ

サッと下ゆでするのが美味のツボ

煮ても焼いても、イカはサッとゆでてから調理したほうがやわらかく仕上がる。中火で、表面の色が変わるぐらいまでゆでること。ただし、強火は禁物。ゆで汁も、そのまま煮汁に使ってしまえば、生のまま調理するより手早くできて、味もなじみやすい。

ひとつまみの水溶き片栗粉でやわらかくゆであげる

ゆですぎたイカが丸まって固くなってしまうのは、コラーゲンの繊維が収縮してしまうから。コラーゲンは65度以下では収縮しないので、弱~中火をキープしてゆでる。

このとき、ゆで汁に水溶き片栗粉を少量加えるのが熟練のコツ。温度が上がりにくく、イカからも水分が出にくいので、やわらかく仕上げてくれる。

細かい切り込みを入れると火が早く通る

イカの身は、焼き過ぎるとゴムのように固くなって、噛み切れなくなる。焼く前に、細かい切り込みを格子状に入れるのが、職人の隠しワザだ。火の通りが早くなり、噛み切りやすくなる。油で揚げる場合も同じ。

タコ

イイダコの煮物はほうじ茶と炭酸水でおいしさ倍増

煮物にするときは、ほうじ茶を入れて下茹でするると、表面の皮がむけずにキレイに煮ることができる。ゆがきすぎると身がかたくなってガッカリするので、サッと形を整える程度にとどめよう。

煮汁に炭酸水を加えるとホクホク柔らかに煮上がる。これは、プロ直伝の隠しワザだ。

エビ

背をそらすようにプチッと曲げて仕上がりキレイに

せっかくのエビ天やフライが、丸まって小さくなってしまった！　そんな失敗を防ぐ裏ワザをご紹介。

エビの殻をむき、竹串で背ワタを抜いたあと、腹側に3～4カ所、切れ目を入れる。だが、そのあとが肝心。切れ目を入れた腹を上にして両手で持ち、ブチッと音がするような感触がするまで、背をそらすように曲げてみる。こうすれば、加熱したときにもほどよくエビらしい形を保ってくれる。

冷凍エビは、重曹で洗うとプリプリになる

凍ったまま水をはったボウルに入れて、軽くもんで解凍する。尾を残して殻をむき、さっと洗ってボウルに入れたあと、重曹小さじ1をふりかける。重曹の作用でプリプリとし

た弾力が出るからだ。よくもみ洗いしたあと、流水で洗い流しておく。

殻つきはそのまま、むきエビは片栗粉をまぶす

家庭でも調理しやすい車エビは、9割が養殖もの。殻つきのものはそのまま水洗いするだけでOK。むきエビは片栗粉をまぶしてうま味が逃げないようにすばやく洗い、水気をよくふきとっておく。

カキ

大根のしっぽでカキの汚れとり

昔から、カキは大根おろしで洗う、といわれる。でも、そのためだけに大量の大根おろしをつくるのも面倒。そんなときは、大根のしっぽで代用するといい。長さ7〜8センチのしっぽの太いほうに、茶せんの要領でざくざく切れ目を入れる。その大根で、ボウルに入れたカキを混ぜるように洗うと、ブクブク汚いアブクと汁が出てくる。

カキをザルにあげ、別のボウルにきれいな水をたっぷり入れて軽く塩をふり、薄い塩水の中でザルのまま振り洗いする。2度目からは真水で、水を変えながら4回ほど振り洗いすればOKだ。決して、手で混ぜたりしないこと。

ハマグリ

だれでもできる、焼きハマグリの汁をこぼさない凄ワザ

ハマグリをそのまま網にのせて焼くと、口が開いたときにひっくり返って、せっかくのおいしい汁が流れ出てしまう。こんな失敗を防ぐプロの凄ワザがある。やり方は簡単だ。ハマグリの蝶番《ちょうつがい》のところにある黒い部分を切り取ってしまうだけ。こうすれば、もう口が開かないので、汁もこぼれない。

ただ、殻が開かないので、火の通りが見分けにくいという問題が残る。その解決法は、殻の上になる側に、塩をつけてから焼くこと。その塩がカラカラに乾けば、中の身に火が通った証拠だ。

アサリ

おいしいアサリ汁をつくるには、砂抜き前にゴシゴシ洗う

「死んだ貝は開かない」という常識は、じつは非常識。では、どうすればいい？　アサリの生死を見分ける秘訣を伝授しよう。

砂抜きをする前に、貝同士をゴシゴシと強くこすり洗いするだけ。こうすると、死んでいる貝は貝柱の閉じる力が弱くなっているため、少し口が空いてくるので、とり除けばいい。同時に、貝の汚れもしっかり取れるという一石二鳥の冴えテクだ。

おいしいアサリ汁をつくるには砂抜き後に水からあげておく

アサリは砂出しをしたあと、ザルにあげてしばらくそのまま置いておくこと。乾燥しすぎないよう濡れたキッチンペーパーなどをかけて、室温20度前後のところで6～12時間放置する。こうすると、うま味成分が7倍アップする。

普段水の中でエラ呼吸をしているアサリは、地上に出て酸素を取り入れられなくなると、うまみ成分であるコハク酸をつくり出す。この性質を利用してアサリのうまみを増やそうというわけだ。12時間以上経つと、コハク酸が増えすぎて苦みが出てしまうので、ご用心。

おいしいアサリ汁をつくるには加熱して貝が1個開いたら火を止める

せっかくのアサリ汁も、加熱しすぎて身が固くなってはおいしさ半減。ふっくらプリプリのアサリ汁にする名人ワザは、貝が1個開いたところで火を止め、ふたをして2分ほど蒸らすこと。余熱で蒸らすだけで、残りの貝も全部開いてくれる。

シジミ

冷凍シジミの味噌汁で二日酔いがスッキリ

シジミには、肝機能を高める効果のあるオルニチン成分がたくさん含まれている。そのオルニチンが、シジミをマイナス4度で冷凍すると生のものより8倍も増えることがわかった。つまり、二日酔いの解消には冷凍シジミをそのまま入れたみそ汁のほうが効果的なのだ。

シジミは少量ずつ小分けして保存袋に入れ、新聞紙に包んで冷凍する。ゆっくり冷やすことで、オルニチンがより増えやすくなる。

洋風魚料理

ハーブでワンランクアップの洋風魚料理

レストランで食べる魚料理には、必ずといっていいほどフェンネルと呼ばれるハーブが使われている。魚の臭みをとるハーブとして重宝されるものだ。ほかにも、臭み抜きとして下ごしらえによく使われるのが、タイムやバジル。

タイムはちぎってまぶし、お酒と一緒に漬けこむ。フライやムニエルにおすすめだ。また、白身魚と相性のいいバジルは、酢漬けにしてマリネやドレッシングに。乾燥バジルをパン粉に混ぜて、パン粉焼きや揚げ物に使うとワンランクアップの魚料理が楽しめる。

魚を冷凍するコツ

生魚はキッチンペーパーで賢く保存

冷凍魚を解凍したときに厄介なのは、必ず出てくる赤い汁。これは魚のうま味成分なのだが、水分の多い魚を解凍すると、これが水分と一緒に流れ出てくるのだ。上手に冷凍するコツは、この余分な水分を効率よくとり除いてしまえばいい。

キッチンペーパーで魚の表面全体を包んで水分をふきとってから、一尾ずつラップに包んで冷凍する。

イカ・タコはそのまま冷凍するのが基本

イカとタコは、火を通し過ぎると固くなる。一度火を通したあとに冷凍すると、解凍して再加熱したときにさらに身が固くなってしまう。だから、イカやタコは、生のまま冷凍するのが基本中の基本なのだ。

ちなみに、イカはさばいて部位ごとに冷凍したほうが、解凍したあとの使い勝手がいい。冷凍イカスミをパスタに使うなど、重宝する。

殻つきとむき身で違う貝類の冷凍法

アサリやハマグリなどの貝類は、殻つきとむき身では冷凍法が違うことを覚えておこう。殻つきの場合は、砂出しのあと、よく水気を切って、そのままポリ袋に入れて冷凍。むき身の場合は、消毒を兼ねて、海水程度の塩水でサッとふり洗いする。そのあとは、水気をしっかり切って冷凍する。

第4章 ◎ 野菜料理の裏ワザ

新鮮でおいしい野菜の選び方のコツ

●旬の野菜を選ぶ

野菜はビタミンやミネラルの宝庫で、美容と健康に欠かせないもの。だから新鮮なものを選びたい。古い野菜を選んでしまうと、同じ野菜でも栄養も味も格段に落ちてしまう。選び方の一番のコツは、旬の野菜を選ぶこと。いまは旬以外にも年中出回っているが、野菜の旬を知っておこう。スーパーでは半分に切ったものや、袋入りでキャベツ、ニンジンなどのカット野菜が出回っているが、丸ごとの野菜より鮮度が落ちる。カット野菜は便利だが、できるだけ丸ごと買って自分で調理することだ。

●キャベツ・レタス・白菜の選び方

葉が内側に丸くなる結球野菜のキャベツ、レタス、白菜は巻きがしっかりし、かたくて手に持ったときにずっしりと重さを感じるもの、葉に隙間がなくきっちりと巻いているものを選ぶ。レタスは芯が変色していないもの。

白菜は軸の部分が白いもの。半分にカットされたもので中心部の断面が盛り上がっているものは古い。

●ニンジン・大根・ごぼうの選び方

根菜類は太すぎず細すぎずの、ほどよい大きさのものがいい。大きく育ちすぎた根菜類は中身がスカスカになりがち。大根は白い表面がきめ細かくしまったもの、葉付きは葉が生き生きしているものが新鮮。ニンジンはオレンジ色が濃くて鮮やかなものを選ぶ。ごぼうは直径が10円玉くらいで、すらりとしたものを。亀裂が入っているのは古くなった証拠。

●キノコ類の選び方

肉厚で色つやのよいものを選ぶ。選ぶときは、かさの裏を見て、ここが茶色に変色していたら古いもの。新鮮なものは、かさの裏が真っ白で、かさに張りがある。しいたけは軸が太くて短いものがいい。

●キュウリの選び方

皮のいぼいぼがしっかりして、触ると痛いくらいのものほど新鮮。濃い緑色をしていて太さが均一のものがいい。

●イモ類の選び方

ジャガイモやサツマイモなどのイモ類は、しっかりとした重さとかたさがあり、表面にキズや色むらのないものを選ぶ。ジャガイモは芽が出ているものはもちろん古くなっているが、芽のあたりが青くなり始めているものも古い証拠。

●トマトの選び方

トマトはお尻が青いものはおいしくない。真っ赤で色鮮やかなものを選ぶ。またヘタを見て、ここがつややかな緑色でしっかりしているものが新鮮。丸みがあって持つとずっしりとした重量感のあるものを選ぼう。

ポテトサラダを上手につくる裏ワザ

●素早くできるポテトサラダのワザ

みんなが大好きなポテトサラダだが、ジャガイモをゆでたりつぶしたり、意外に手間がかかるもの。忙しいときにサッとつくるワザはないだろうか。

そこで電子レンジとポリ袋を活用する。薄く切ったジャガイモとニンジンを、皿にのせてラップをして電子レンジで5分ほど加熱する。やわらかくなったら取り出してポリ袋に入れて袋ごとつぶし、塩コショウをしてキュウリやハムを加え、マヨネーズで和えるだけ。これならジャガイモをゆでてつぶす時間と手間が節約できる。

●ポテトサラダにマヨネーズを入れるタイミング

ポテトサラダのおいしさは、マヨネーズを投入するタイミングが大事。ゆでたジャガイモをしっかり冷ましてから投入すること。ジャガイモが熱いうちに入れると、マヨネーズが卵黄と酢、油に分離してしまい、ジャガイモが酢と油を吸収する。そのためにベタっとしてしまい、ポテトのホクホク感がそこなわれ、まずくなってしまうのだ。

●ポテトサラダの隠し味①

ジャガイモをつぶしてマヨネーズを投入したら、酢を少量加えると味がアップする。マヨネーズが大さじ3杯に対して酢は小さじ1杯くらい。酢を入れることでマヨネーズのくせが柔らいでまろやかでコクが出る。

酢のほかに砂糖を小さじ1杯くらい加えると、甘みが増してさらにまろやかになる。

●ポテトサラダの隠し味②

ポテトサラダにマヨネーズを加えずに、豆腐を適量つぶしながら入れて和えると、しっとりとしてボリュームアップしたサラダになる。マヨネーズをつかわないからヘルシーで低カロリー。豆腐は絹ごしでジャガイモと同量を目安にする。

●ポテトサラダを水っぽくしないワザ

ジャガイモにキュウリや玉ねぎを加えて和えると、どうしても水分が出て水っぽくなってしまう。そこで水分が出やすいキュウリなどはスライスしたら、オリーブオイルをからめておいて、食べる直前にジャガイモに和えると水っぽくならない。

塩ヨーグルトを使ったサラダのワザ

●塩ヨーグルトで野菜サラダをおいしく

主婦に人気の塩ヨーグルトは、無糖のヨーグルトに塩や味噌を加えたもの。漬け床やサラダのドレッシング、調味料として使うと簡単でおいしい。ヨーグルトの乳酸発酵によって漬物もやわらかく仕上がり、サラダのドレッシングはまろやかになる。

つくり方は簡単。無糖のプレーンヨーグルトに塩少量をふりかけて混ぜるだけ。プレーンヨーグルト400〜500グラムに対して塩は小さじ1杯ほど。この基本の塩ヨーグルトにレモン汁を小さじ2杯加えてさわやかな風味を出して、グリーンサラダ、生野菜サラダのドレッシングにする。

●塩ヨーグルトのディップで野菜をおいしく

ざるにキッチンペーパーをしいて、塩ヨーグルトを入れ、ラップをかけて冷蔵庫で1日寝かせると塩ヨーグルトの水切りができる。これをカップに180グラムくらい取って一つは明太子をほぐして混ぜる。もう一つはアボカド半分をすりおろして混ぜたもの、もう一つはカレー粉を少量混ぜたものをつくれば、塩ヨーグルトの3種類のディップができる。ニンジン、大根、きゅうりは適当な大きさの角切りにする。キャベツ、レタスは葉を適当な大きさに切る。ブロッコリー、アスパラガスはゆでて、食べやすい大きさに切る。これらの野菜を3種のディップをつけて食べると、野菜をたくさん摂ることができる。

●塩ヨーグルトで簡単に野菜の浅漬けをつくるワザ

塩ヨーグルトを使えば、じつに簡単に野菜の浅漬けができる。ヨーグルトの発酵が野菜に酸味とまろやかさをプラスする。プレーンヨーグルト450グラムに、塩小さじ3杯を混ぜて漬け床をつくる。小さじ3杯が分量の目安だが、好みで塩の量は調節していい。

これを密閉容器に入れて野菜をつけて冷蔵庫でひと晩寝かせればおいしい浅漬けができ

る。野菜は、きゅうり、オクラ、ニンジン、大根、ミョウガ、セロリ、プチトマト、キャベツなど。隠し味として塩ヨーグルトにこぶ茶を小さじ1杯加えると、味に深みが増す。

野菜炒めの裏ワザ

●野菜炒めをベシャッと水っぽくさせないワザ

もやし、キャベツ、ニンジン、ニラ、玉ねぎなどの野菜炒めは家でつくると水っぽくベシャッとしてしまう。お店のようなシャキシャキした野菜炒めをつくるにはどうしたらいいか。中華炒めは強火で手早くが鉄則だ。そこで材料の野菜は火の通りを均一にするため、同じ大きさに切りそろえておく。

炒めすぎると野菜の水分が出てしまうので、調味料はすぐに使えるように炒める前に用意しておくこと。ニンジンなど火が通りにくいものは先に炒めて、いったん皿に取る。キャベツ、もやしなどの水分が出やすい野菜は別に炒める。水分が出てきたら、フライパンを傾けてキッチンペーパーで水分をふき取る。最後にすべての具を合わせて手早く炒める。

●野菜炒めをシャキシャキにするワザ

野菜炒めが水っぽくなってしまうのは、かたい野菜になかなか火が通らないので、長く炒めすぎるからだ。そこでかたい野菜は炒める前に軽くゆでておき、フライパンで炒める時間を少なくするのがコツ。かたい順にゆでていき、ざるにあげる。肉を炒めたら、湯通しした野菜をフライパンに入れる。すでにゆでて火が通っているので、もうそんなに炒めなくてもOK。湯通しが面倒だという人は、野菜を電子レンジで加熱すれば簡単。

●油揚げで野菜炒めの裏ワザ

水気が出てしまう野菜炒めを、シャキシャキに仕上げる簡単なワザがある。油揚げを使うのだ。油揚げは、肉がないときに肉のかわりに煮物や炒め物に使える便利な食材。まず、いつもの通りに野菜を炒め、炒め終わったら最後に短冊に切った油揚げを入れて炒めると、野菜から出た水分を油揚げが吸い取ってくれるのでシャキシャキした野菜炒めができる。そのうえ、肉を使わないので、カロリーダウンできてヘルシーだ。

肉じゃがの裏ワザ

●肉じゃがを煮くずれさせずにつくるワザ

家庭料理の定番、肉じゃがは人気のメニューだが、具によく味がしみ込んでいないのにジャガイモが煮くずれしてしまうことがある。煮くずれするのは水の量が多く、長く煮すぎるから。肉やジャガイモを煮る前に、油で炒めてジャガイモに油の膜をつけると、煮くずれしない。

●よく味がしみ込んだ肉じゃがをつくるワザ

肉じゃがを煮るときは、水は加えず、まず砂糖と酒だけの少ない煮汁で落としぶたをして煮るのがコツ。しょう油は最後に加える。落としぶたを使えば、少ない煮汁でも全体に味がしみとおる。煮汁が多すぎては味がしみ込まなくて煮くずれを起こしてしまう。

●サイダーで肉じゃがをつくるワザ

肉じゃがは、ふつうは砂糖、酒、みりん、しょう油を使って煮るが、なんとサイダーとしょう油だけで煮るとおいしくつくれるのだ。ジャガイモ2個に対してサイダーは市販の250ミリリットル1缶が目安。

まず肉とジャガイモを炒めたら、他の野菜やしらたきも入れて炒める。すべての具材を炒めたら、サイダーとしょう油を加えて煮る。サイダーの炭酸がジャガイモや肉に味をよくしみ込ませ、サイダーの甘さがしょう油とうまく合って、甘みがほどよい肉じゃがが完成する。

●リンゴジャムで肉じゃがをおいしくつくる

みりん、砂糖、酒の代わりにジャムを使うと、甘みがプラスされておいしくなる。肉じゃがをジャムで煮るのは意外な気がするだろうが、西洋では肉料理にジャムをよく使う。ジャムは果物の酸と糖、ペクチンが含まれている。ジャムの酸が肉をやわらかくして、糖分が旨みを引き出す。ジャムは味噌やしょう油と相性がいいのだ。

ジャムは砂糖の分量の2倍を目安にあとは好みで調節して。肉じゃがにはイチゴジャムではくどすぎるので、リンゴジャムを使うとおいしくできる。

ほうれん草の裏ワザ

●ほうれん草のおひたしを水っぽくしないコツ

ほうれん草といえばおひたし。おひたしをつくるときは、塩をひとつまみ入れた熱湯でゆでるのだが、ゆで過ぎるとやわらかくなりすぎて水っぽくなる。そこで、ゆでるのではなく、空の鍋に水洗いしたほうれん草を入れてふたをし、中火で加熱して蒸す。ゆでるよりシャキシャキして栄養素も逃げ出さない。

●ほうれん草を砂糖でゆでる

ほうれん草をゆでるときは、ふつうは塩を少量加えてゆでると鮮やかな緑色が保てるといわれるが、砂糖ひとつまみでゆでると、ほうれん草のアクが抜けやすくなるので、おいしくゆでることができる。

●ほうれん草のおひたしの味をアップ

ほうれん草や小松菜をおひたしにしたら、味がいまひとつというとき、カニかまぼこ、シーチキンの缶詰め、メンマなどを和えてみよう。分量は適宜お好みでいい。これだけで、ひと味アップする。

キャベツの裏ワザ

●キャベツの千切りをシャキシャキに保つワザ

キャベツの千切りは時間がたつと苦みが出たり、水分が出ておいしくなくなる。そこで、大量に切ったら、薄めの砂糖水に1時間ほどつけておく。よく水分を切ったら、キッチンペーパーに包んでポリ袋に入れて冷蔵庫で保存すると、いつまでも新鮮に食べられる。

●ロールキャベツの葉を破らずにむくコツ

キャベツの葉をむくとき、どうしても破れてしまう。そこで、キャベツの芯を取り除いて、そこから熱湯をかけていくと、葉がむきやすくなる。または、丸ごと一個を鍋で短時間ゆでると、葉がむけてくる。

●ロールキャベツの芯をとめるコツ

ロールキャベツは具をキャベツで巻いたら、たいていは爪楊枝でとめるが、これを細いパスタでとめてみよう。こうすると、パスタのとめ具も味がしみ込んで食べられるので、便利。

玉ねぎの裏ワザ

●玉ねぎ氷のつくり方

健康に効果があり、どんな料理の隠し味としても使える玉ねぎ氷が人気になっている。つくり方は簡単。玉ねぎ2個をくし型に切ったら、皿にのせてラップをし、電子レンジで加熱する。６００Wで10分が目安。これを水１００ccを加えてミキサーにかけペースト状にしたら製氷皿に入れて凍らせる。

凍った一個を、ハンバーグやオムレツをつくるとき、煮ものやみそ汁、スープなどに溶かして使えば、料理の味が格段にアップする。ご飯を炊くときに炊飯器に凍ったままの一個を入れて炊くだけで、おいしいご飯が炊ける。

大根の裏ワザ

●大根を柔らかく煮るワザ

大根の煮物はまず大根を米のとぎ汁で10分くらい下ゆでしてから、いったんざるに取り、冷ましてから煮物にすると、味がしみ込んで柔らかくなる。米のとぎ汁がなかったら、米粒をひとつまみ入れて下ゆでしてもいい。

●大根に味をしみ込ませる裏ワザ

大根を煮物に使う前に、輪切りにしたら、冷凍庫で凍らせる。凍ったらそのまま煮物に使うと、大根によく味がしみ込んでおいしく仕上がる。いったん冷凍すると、大根の中の成分が分離して味がしみ込みやすくなるのだ。

トマトの裏ワザ

●トマトの切り方のコツ

丸ごとのトマトをくし型に切ろうとすると、種が飛び出してきれいに切れないもの。そこで、ヘタを取ったらトマトをひっくり返してみると、お尻から白いすじが放射状にでているのが見える。包丁の刃先をこの白い筋を避けて入れて切ると、種の部分に当たらず切ることができる。

●トマトは焼いてサラダにする

トマトサラダというと、生でレタスやキュウリと和えるのが定番だが、焼きトマトにしてもおいしい。トマトは輪切りにしてフライパンで焦げ目が軽くつくくらいに焼き、焼き上がったら、粉チーズを振りかけるだけ。ニンニクのすりおろしをかけてもおいしい。

ショウガの裏ワザ

●食べるショウガをつくる

食べるラー油が人気だが、ショウガをしょう油とみりん、酒、砂糖で煮ると、ご飯にのせたり、冷や奴にのせたり、サラダにも相性のいい「食べるショウガ」ができる。

ショウガ1パックは皮をむき細かいみじん切りにする。しょう油、酒、みりんは同量、砂糖はその半分の量を混ぜて調味料をつくり、ショウガと調味料を鍋に入れて煮る。

煮えたら、冷ましてから煮汁ごと容器に入れて冷蔵庫で1日置く。2日たつと、より味がしみ込んでおいしい「食べるショウガ」のでき上がり。ビンに入れて冷蔵庫に保存すれば半年は持つ。おにぎりの具に、みそ汁に、ラーメンに入れてもおいしい。

なすの裏ワザ

●焼きなすの皮をラクにむくワザ

焼きなすはおいしいけれど、焼いたなすの皮をむくのは、熱くて上手にむけず厄介だ。ところが、皮を簡単にむくコツがある。なすは焼く前に、麺棒で軽く全体をまんべんなく叩いてから、なすの表面に爪楊枝で穴を何カ所かにあける。ヘタの部分にグルリと一周、浅く切り込みを入れてから焼く。焼き上がったらヘタのほうから皮の部分をつまみあげると、ツルンと簡単に皮がむける。

アスパラガスの裏ワザ

●アスパラガスの超簡単料理

アスパラガスは、疲労回復に効果のあるアスパラギン酸やビタミンE、カロチンを含む健康にいい野菜。炒めてもゆでてもおいしいが、栄養効果を得るには油で炒めるのがいい。

グリーンアスパラガスをひと束、根元を切りおとして半分に切り、フライパンでバターで炒めて塩こしょうするだけで、酒のつまみにも、ご飯のおかずにもなる一品ができる。

かぼちゃの裏ワザ

●かぼちゃの超簡単料理

かぼちゃを半分に切ってラップをして電子レンジで加熱し、柔らかくする。それをつぶしてマヨネーズで和えるだけで、ホクホクの甘みがおいしい一品になる。マヨネーズのかわりに、ゴマとみそを和えたタレをかけてもおいしい。

野菜の上手な保存の裏ワザ

●ほうれん草・小松菜をみずみずしく保存する

葉の全体に霧吹きで水をかけ、湿らせて新聞紙でくるむ。冷蔵庫の野菜室に茎を下に、葉を上にして立てて保存すれば、いつまでもみずみずしく保存できる。

かためにゆでて冷凍庫に保存してもいい。

●キャベツ・レタスの保存のコツ

キャベツ、レタスは芯の部分を包丁でくりぬいて、ここに水でぬらしたティッシュをつめておくと、水分補給になって新鮮さを保てる。こうしてから、新聞紙で包んで、冷蔵庫の野菜室に保存する。

●イモ類の賢い保存のワザ

ジャガイモ、サツマイモ、里いもなどは、冷蔵庫に入れるよりも、常温で保存したほうがいい。里いもは新聞紙に包んで、ジャガイモはそのまま風通しのよい場所に保存する。

ジャガイモを袋や段ボールの箱に入れたら、その中にリンゴを1個入れておくと、リンゴの出すエチレンガスがジャガイモの芽が出るのを防いでくれる。

●大根をスカスカにしない保存ワザ

大根に葉がついていたら、栄養分が葉に吸収されてしまうので、切り落として新聞紙にくるんでから、ポリ袋に入れて冷蔵庫の野菜室に立てて入れる。半分にカットされていたら、切り口から乾燥してスカスカになってしまうので、すぐにラップにくるんで、これも冷蔵庫の野菜室に立てて入れる。

●トマトは重ねてはいけない

トマトはヘタを下にしてくっつかないように並べ、ポリ袋かパックに入れて冷蔵庫の野菜室で保存する。トマトは重ねるとその部分から傷み始めるので、くっつかないようにすること。

たくさん買ったときは冷凍保存もできる。湯むきして丸ごと冷凍してもいいし、くし型に切ってポリ袋に入れて冷凍してもいい。

●玉ねぎは冷蔵庫に入れてはいけない

玉ねぎは野菜の中でも1～2カ月と長く保存できる。玉ねぎは湿度が苦手なので、湿度が高い冷蔵庫の野菜室に入れてはいけない。すぐに芽が出て風味が落ちてしまう。常温で風通しがいい、日の当たらないところに吊るしておくと、長持ちする。ただし、一度包丁で切ったものはラップをして冷蔵庫で保存する。

ジャガイモと反対に玉ねぎはリンゴと一緒に保存してはいけない。リンゴの出すエチレンガスが玉ねぎの成長を早めてしまうからだ。

●ニンジンは水気をよく取って保存

ニンジンは水分がつくと、そこから傷んでしまうので、水気をよく拭いてから乾いた新聞紙にくるんで夏なら冷蔵庫の野菜室で、冬なら冷暗所で保存する。

●白菜は立てて保存する

丸ごとの白菜は、冬場は新聞紙に包んで冷暗所に立てて保存する。暖房がきいた部屋しかないときは、新聞紙に包み冷蔵庫の野菜室で立てて保存する。寝かして保存すると、下にした部分から傷んでくるので、立てて保存が鉄則。

●アスパラガスは穂先を上にして

乾燥を防ぐために湿らせた新聞紙で包んでポリ袋に入れる。冷蔵庫の野菜室に穂先を上にして立てて保存する。鮮度が落ちやすいので2～3日で使い切ろう。

●大葉の保存は1枚ずつ丁寧に

大葉はすぐに黒く変色して傷みやすい。乾燥を嫌うので、面倒だが、1枚ずつぬらしたキッチンペーパーにくるんで、さらにラップをして冷蔵庫で保存する。または、密閉容器に1枚ずつしいて並べ、冷蔵庫に保存する。

●かぼちゃは丸ごとなら常温保存

かぼちゃは丸ごと1個なら長期間保存できる。冷暗所なら半年近く保存できる。ただしカットしたものは、種とワタの部分から傷んでくるので、これらを取り除き、ラップで包んで冷蔵庫の野菜室に入れる。

●もやしはすぐに使い切る

もやしは傷みやすいので、買ってきたその日に使い切るのがいいのだが、残ってしまったら、密閉容器に入れて水を張り、冷蔵庫で保存する。それでも1～2日しかもたないから早めに使い切ること。

●きのこ類を保存するコツ

きのこ類は傷みやすい。しいたけは、かさを下にしてトレイにのせてラップをかけて冷蔵庫へ。しめじは水分がついていると傷みやすいので水気をよくふいて小房にわけてラップで包んで冷蔵庫へ。えのきだけは根元を切らずにラップに包んで冷蔵庫へ。いずれも3〜4日で使い切るのが理想。

●ごぼうは泥がついたままで

ごぼうは泥がついたもののほうが長く持つ。泥がついたまま新聞紙に包んで、根を下にして立てて常温で冷暗所に保存する。洗ったごぼうや夏場は、ラップに包んで冷蔵庫で保存する。

第5章◎卵・豆腐・加工食品の裏ワザ

卵料理のコツ

●卵はどっちが上？

卵を立てた状態で保存するとき、正しく立てないと鮮度が落ちてしまう。では、丸い方ととがったほう、どっちが上で、どっちが下？

答えは丸くなっているほうが上。そこには気室があって、卵が呼吸をしている。だから、間違ってとがったほうを上にして置くと、卵が窒息してしまうというわけ。

●いつ買ったかわからなくなった卵は食塩水でチェック

パックで売られている卵には、一個一個賞味期限のシールが貼っているものもある。でも、そうでないときは買った日にちを覚えていないと、生で食べていいのかどうかわからなくなってしまう。

そんなときは、コップ1杯の水に大さじ1の塩を加え、そこに卵を入れてみる。横に沈めば新鮮だから生で食べてもよいが、古ければ縦に浮かんでくるので、必ず加熱して食べよう。

●卵焼きをジューシーに焼くにはマヨネーズ

卵を混ぜるときに、少量のマヨネーズと小麦粉を加えると、柔らかくてジューシーな卵焼きになる。マヨネーズがコクを深めてくれ、小麦粉が型くずれを防いでくれるので、お弁当に入れるときなどに便利だ。

●形のカワイイ卵焼きを作ろう

卵焼きが焼き上がったら、のり巻きをつくるときの〝巻きす〟で楕円形になるように巻き、上下に菜箸をあてて端を輪ゴムでとめ、巻きすの上からも数カ所しばっておく。しばらく置いておくと、あら、ひょうたん型の卵焼きのでき上がり。

巻きすで円形に巻いて上下左右に菜箸をあてると、花びら型になる。同じ卵焼きでも、こんなカワイイ形のものがお弁当に入っていると楽しい。

●ゆで卵をつくっていてヒビが入ったときのリカバー術

ゆで卵は水からゆではじめるが、それでも冷蔵庫から出したばかりの冷たい卵を鍋に入れたら、殻にヒビが入ってしまった、というときは、卵白が流れ出ないように鍋に適量の酢をたらすとよい。

酢がタンパク質をかためてくれるのだが、塩にも同じ働きがあるので、最初から水に塩をひとつまみ入れておいてもよい。

●ゆで卵の殻を一気にむくには？

ゆで卵の殻は、気室のある丸くなったほうからむけば簡単にむけるが、何個もつくったときに全部いっぺんにむくワザがある。

水を1/3くらい入れた密閉容器にゆで卵を入れ、蓋をしっかり閉める。容器ごと横に10秒くらい揺すれば、卵どうしがぶつかってたくさんヒビが入るので、そこに水道水を勢いよくかければ簡単に殻がむけるのだ。

●ゆで卵のみじん切りには、野菜のネットを使う

野菜サラダの上にゆで卵のみじん切りがかかっていると、オシャレなレストラン風になる。しかし、ゆで卵を包丁でみじん切りにしてもあまりきれいにできない。そこに登場する強力なピンチヒッターが、みかんやオクラ、シイタケなどが入っていたネットだ。

ネットをきれいに洗ってタオルでふいたら、そこにゆで卵を入れ、口をギュッと絞って卵を下に押し出すようにする。すると、ネットの編み目をくぐって粉雪のようにきれいなみじん切りができ上がる。

●どんな味付けでもおいしい煮卵

ゆで卵をめんつゆに浸けて2～3日おいておくと、じんわり味がしみて、おいしいご飯のお供になる。チューブのおろしニンニクやおろしショウガがあれば、めんつゆにそれらを加えてもよい。

ごま油、酢、砂糖、しょう油の合わせ調味料に浸けてもよいが、こちらは味が濃いので、小さめに切って付け合わせに。また、余ったラーメンスープにゆで卵を入れ、沸騰させた

あとにひと晩おいておけば、おいしい中華風になる。

そのまま食べてもよいが、漬け込んだ合わせ調味料を煮立たせてタレをつくり、それをかけて食べてもおいしい。

●炊飯器で半熟卵をつくろう！

なんでも簡単がいちばん。鍋でゆでればいいだけとはいうものの、時間を見ながら火を止めて……ということすらしなくていいとなれば、こんなにうれしいことはない。そこで、半熟卵も炊飯器にお任せしよう。

炊飯器の中に卵を並べ、卵が隠れるくらいの水を入れて「炊飯」のボタンを押すだけ。約18分待てば、半熟卵ができ上がる。

●カップ麺の容器でかんたんに温泉卵

食べ終わったカップ麺の容器で、簡単に温泉卵をつくることができる。

容器に、冷蔵庫から出して常温に戻しておいた卵を入れ、卵が隠れるくらいまでお湯を入れる。ラップかアルミホイルで蓋をして約15分待つだけ。

カップ麺の容器は保温性に優れているので、黄身も白身もトロ～リの温泉卵があっと驚くほど簡単にできる。タレはお好みで。

●目玉焼きをまん丸にする

大きなフライパンで目玉焼きをつくろうとすると、白身が雲形に広がってしまって、なかなかきれいな形にならない。

そこで、輪切りにしたタマネギを1枚フライパンに置き、その中に卵を落とし入れると、まん丸な目玉焼きができ上がる。

●1個の卵で小さな目玉焼きを2個つくる

小さな目玉焼きはお弁当に重宝だ。でも使うのはウズラではなく、ふつうの卵。1個の卵から2個の目玉焼きができるなんて手品のようだが、タネは簡単だ。

卵を生のまま冷凍し、凍った卵を包丁で半分に切る。それぞれ切断面を下にしてサラダ油をひいたフライパンに置き、焼きながら殻を取る。あとは、ふつうどおりに焼けばカワイイ目玉焼きが2個できるというわけだ。

●スクランブルエッグを簡単につくるならマヨネーズで

スクランブルエッグをつくるには、バターや生クリームを使うというのはふつうの話。しかし、もっと手早く簡単につくるワザがある。

フライパンにサラダ油の代わりにマヨネーズを入れ、溶けだしたら卵を流し込んで、フライパンの柄を前後に揺すりながら箸で軽く混ぜる。そこに塩・コショウをして卵が液状に流れなくなったら火を止め、半熟のうちに盛りつければでき上がり。

このように、マヨネーズを使うだけで負けず劣らずの味に仕上がるのだ。

●厚焼きと薄焼きでは卵のかき混ぜ方が違う

厚焼き卵をふっくらつくるには、卵をかき混ぜすぎてはいけない。白身は箸を何度か左右にシャシャッと動かしてすくい切るように、黄身は2~3回軽くかき混ぜる程度にとどめるのがポイント。混ぜすぎるとコシがなくなり、フワフワ感が出なくなるのだ。

逆に、薄焼き卵を上手につくるにはよくかき混ぜるのがコツ。卵液が均一になっていないと焼いている途中でデコボコができ、錦糸卵にするときに切りにくくなったり、具を巻くときに破れやすくなってしまうからだ。

●だし巻き卵の卵とだしの比率は？

外はこんがり、中はふっくらのだし巻き卵は中火～弱火でつくるが、だし汁が多すぎたり足りなかったりすると台無しになる。

卵に対するだしの分量は、きっちり守ることが鉄則だ。Mサイズの卵1個に対して、だしは大さじ1くらい。そこにしょう油と砂糖をそれぞれ小さじ1／2ずつ加えるとよい。

また少量の片栗粉をだし汁に溶き混ぜれば、形もまとまりやすく、きれいに仕上がる。

●炊飯器でカニ玉をつくる

卵と具を混ぜ、甘酢あんを準備しておけば、あとは炊飯器にお任せでカニ玉ができてしまう！

炊飯器の内釜にごま油を薄く塗り、卵と具をふつうに混ぜ合わせたものを入れる。片寄りがないよう具をならし、早炊きでスイッチオン。25～30分待ち、できたカニ玉の上に小皿を乗せて押さえながら内釜をひっくり返し、お皿に盛りつける。最後に甘酢あんをかければでき上がり。

豆腐料理のコツ

●木綿豆腐と絹ごし豆腐を使い分ける

豆腐には木綿と絹ごしの2種類がある。

木綿豆腐は豆乳にニガリを加えて固め、それを木綿をしいた箱型に入れて重しをしてつくったもの。絹ごし豆腐は、木綿豆腐よりも濃い豆乳にニガリを加え、そのまま固めてつくったもの。

だから、木綿豆腐のほうが水分が少なくかためで、絹ごしは逆に水分が多くて滑らかな豆腐になる。料理によって、好みによって、上手に使い分けよう。

●豆腐は加熱すると長持ちする

豆腐は加熱してから保存すると長持ちする。それには電子レンジが簡単。

耐熱容器に豆腐とひたひたにかぶるくらいの水を入れラップはかけずに、豆腐一丁なら

3分間加熱。これで、冷蔵庫に入れておけば真夏でも3～4日はもつ。

●湯豆腐をおいしくするには〝水切り→再び吸水〟がコツ

湯豆腐をおいしくするには、豆腐を一度水切りしたあと、また水を吸わせることがポイントになる。

クッキングペーパーを2枚くらい重ねて豆腐の上下に置き、上に豆腐と同じくらいの大きさのタッパーに水を入れて重し代わりに乗せる。

30分くらい置いておくと水分が抜けるので、今度はその豆腐をタッパーに入れ、浄水で再び水分を吸収させると、不思議においしくなるのだ。

●湯豆腐は塩と昆布でおいしさを保つ

湯豆腐は煮立たせてはいけない。ほんのり温かくなっているくらいが食べごろだ。

熱が入りすぎるとスができるし、豆腐がかたくなってしまう。それを防ぐには、最初からひとつまみの塩か重曹を入れておくとよい。こうすると、長く火にかけていても豆腐がかたくならないのだ。

また、だしをとるために鍋の底にしいた昆布は、火が直接豆腐にあたるのを和らげる役目もしている。だから、湯豆腐の昆布はほかの鍋物のように取り出すことはせず、そのまま放っておくのがよい。

●冷や奴も、ゆでるとさらにおいしくなる

洗って切って盛りつけるだけ。簡単でおいしい冷や奴だが、いったん約1分ゆでてから冷やすと、味に深みが出ていっそうおいしくなる。

●麻婆豆腐を上手につくるコツ

麻婆豆腐をつくるときは、豆腐を崩れにくくするために水切りせずにゆでるほうがよい。ただ、ひき肉と合わせ調味料を炒め終えたらすぐに豆腐を加えたいので、炒めとゆでは同時に進める。

炒めたひき肉に食べやすい大きさに切った豆腐を加え、煮立ったら水溶き片栗粉を入れる。ただ、片栗粉はいっぺんに入れずに何回かに分けて、直接豆腐にかからないように入れるのがコツ。そして、鍋を回すようにして全体にとろみをつけると豆腐が崩れずに仕上

がる。そこから、さらに1分くらい加熱したほうが、とろみがしっかりつく。

●揚げ出し豆腐は、水切りをして2／3の重さにする

揚げ出し豆腐は揚げている最中に衣がはがれやすいし、全体をふわっと仕上げるのが案外難しい。原因は、水切りが不十分だからだ。

では、どのくらい水切りするかというと、豆腐が最初の重さの2／3になるくらいまで。350グラムの豆腐なら約230グラムが目処になる。キッチン量りできちんと量ろう。こうすると衣がはがれず、ふわっとした揚げ出し豆腐ができるのだ。

●本格的な肉豆腐も電子レンジで簡単に

耐熱容器に、豆腐と、食べやすい大きさに切った薄切りの豚肉、タマネギ、シイタケを乗せ、全体にめんつゆをふりかける。ラップをして電子レンジで約3分。取り出したら、もう一度めんつゆをかけて、さらに加熱。これだけで、本格的な肉豆腐ができる。

一品足りないというときも、これならあっという間にできて便利だ。

●豆腐ハンバーグは多めのパン粉がポイントに

ひき肉を使わなくてもおいしいし、もちもちした食感がうれしいのが豆腐ハンバーグ。冷凍保存しておけば、お弁当にも便利だ。

よく水切りした豆腐をほぐし、そこに卵とパン粉を入れ、塩・コショウをしたあとよく混ぜる。パン粉は多めにすると形が崩れにくいし、香ばしくなる。さらにタマネギ、ニンジンなど好みの野菜をみじん切りにして肉と混ぜ合わせ、形を整えたら両面を弱火でじっくり焼く。

ソースはウスターソースとケチャップを混ぜたものなど、お好みでOK。

●お弁当にもうれしい、豆腐を丸めてつくる揚げボール

① 片栗粉でたこ焼き風に

豆腐はよく水切りし、よくほぐしたあと、卵と片栗粉、かつお節、刻んだ青ネギと紅ショウガ、塩・コショウを適宜加えて、よく練り混ぜる。それをスプーンでひと口大に丸めてすくい、高温のサラダ油で揚げる。

ソースはお好みで。明石焼風に、だし汁につけて食べてもおいしい。

② 米粉でフワッと揚げる

豆腐に混ぜるものは、鶏ひき肉や豚ひき肉、芝えび、シイタケ、タケノコなど、お好みで何を入れてもよい。そこに米粉を加え、それらを塩・コショウなどで味付けしたら、よく練り混ぜる。あとは①と同じ。

ここでは米粉を使うのがポイントで、小麦粉や片栗粉を使うよりフワッと揚がるのだ。味付けにはカレー粉を入れてカレー風味にしてもよい。

●豆腐を味噌漬けにして、おつまみに

江戸時代にもあった豆腐の味噌漬けは、酒肴にうってつけだ。

木綿豆腐をよく水切りし、適当に切って全体に塩を振り、1時間くらい置いてさらに水出しをする。白味噌と赤味噌を8対2の割合で混ぜ、そこに味見しながら酒・みりんを加えていく。密閉容器に味噌をしき、その上にガーゼを乗せて豆腐を並べ、またガーゼをかぶせて味噌をしき、冷蔵庫へ入れる。

丸2日くらいねかせたら食べ時だ。味噌を取り除き、薄くスライスしておつまみに。チ

ーズのような濃厚さがたまらない。

●冷凍した豆腐をトリ肉風味に

重しをしてきちんと水を切った豆腐をペーパータオルに包み、保存袋に入れて冷凍しておけば、いざというときに便利だ。しかも豆腐としてではなく、トリ肉モドキとして楽しめる。

食べるときはレンジで解凍。解凍したときに出た水分を取り、お皿などを重しにしてさらに1時間以上しっかり水抜きをすれば、さっきまで豆腐だったものが、なんとトリ肉風になるのだ。タレをかけてもよいし、から揚げにしてもおいしい。

●冷凍して高野豆腐をつくる

そもそも室町時代にさかのぼる高野豆腐は、冬の外気で豆腐を凍らせてつくったもの。豆腐を冷凍したあと、ふつうの豆腐として食べようとすると新鮮なものには負けてしまうが、高野豆腐としてならＯＫだ。

豆腐をしっかり水切りして冷凍庫へ入れる。一度解凍して、さらに手で絞って水気を出す。そしてもう一度冷凍庫へ。その後、解凍して調理する。肉じゃがや野菜の煮物に入れると、よく味がしみておいしい。

冷凍は、時間がなければ一度でもよいが、二度やったほうがきめ細かい食感になるのでおすすめだ。

油揚げ料理のコツ

●油抜きはレンジで手早く

油揚げや厚揚げの油抜きは、お湯でさっとゆでるか熱湯をかけるのがふつうだが、電子レンジを使えば簡単だ。

油揚げなどをキッチンペーパーで包んだらペーパーを水で濡らし、そのまま耐熱容器に置いて約1分チンすればＯＫ。余分な油はペーパーが吸い取ってくれる。

●油揚げの中にいろいろ詰めて袋煮をつくる

油揚げを半分に切って袋状にし、中に生卵を1個入れて爪楊枝で閉じる。それをだし、しょう油、砂糖で煮含めれば、おいしい一品に。みりんや酒を加えても、さらにおいしくなる。

油揚げの中にトリ肉と、みじん切りしたニンジン、シイタケなどの野菜を入れて、同じように、だし、しょう油、砂糖、酒で煮含めた一品などもポピュラーだが、袋の中身はいろいろ工夫して変化をつけてみても楽しい。

●厚揚げ焼きは油抜き不要

居酒屋のメニューによくある「厚揚げ焼き」をつくるとき、油抜きはしなくてよい。その代わり、フライパンで焼くときにサラダ油をひかず、厚揚げから出る油で焼く。

表面がパリパリになったら皿に盛りつけ、しょう油、酢、砂糖、ゴマ油を合わせたタレとおろしショウガ、青ネギをかけてでき上がり。

●厚揚げの煮物に酒かすを入れて、おしゃれな味に

厚揚げとカブやダイコンをだしで煮るのはふつうだが、そこに適量の酒かすを加えるとコクが出て、おしゃれな煮物に早変わり。

酒かすは栄養価も高く、血行促進、美肌効果もあるので、ぜひおすすめだ。

納豆料理のコツ

●しょう油を入れる前によくかき混ぜると、健康効果が倍増

健康食品の代表格の一つが納豆。この納豆は、かき混ぜれば混ぜるほどよい、ということはよく知られている。

混ぜるほどに粘りの成分ムチンが出て、血液サラサラ効果がある酵素ナットウキナーゼなどの働きがよくなるからだ。３００回混ぜるとよいという説もあるが、とにかくよく混ぜよう。

しかし、かき混ぜる前にしょう油や薬味を入れてはいけない。粘りが出にくくなるため血液サラサラ効果も半減してしまうのだ。

●納豆の臭いを消して食べやすくするワザ

いくら滋養たっぷりで美容効果が高くても、納豆の臭いが苦手という人もいるだろう。

臭わない納豆も売ってはいるが、納豆1パックにつき、次のものを加えれば食べやすくなる。レタスやキャベツで巻いて、サラダ風にしてもよい。

- 小さじ1の酢を加える
- 大さじ1・5のマヨネーズを加える
- バター大さじ1を混ぜる
- 青じそドレッシングをかける

●ネバネバどうしは相性がよい

納豆を大根おろしで食べるのはポピュラーだが、それはどちらかといえば、あっさりした風味で食べたいときにおすすめのもの。

一方、納豆とほかのネバネバ系を合わせると、コクが増していっそうおいしくなる。まずは、とろろ芋。分量は好みだが、納豆1パックにつき大さじ1程度でよい。そこに、さっとゆでて5ミリくらいに切ったオクラを加えるとなおよい。

また納豆に合わせるものとしては、めかぶやなめたけ、ジュンサイなどもよい。それらにかつお節やネギ、しらす干しなどを入れてもおいしいし、ただの納豆がぜいたくな一品になる。

●臭いものどうしも相性が良い

臭いものと臭いものの組み合わせは好きな人にはたまらないが、キムチ納豆は代表的な一つ。ちなみに、キムチ納豆にタマネギの薄切りを加えると、納豆の成分にキムチの乳酸菌とタマネギのオリゴ糖が加わり、美肌食になる。

また、納豆とブルーチーズの組み合わせもなかなかいける。その組み合わせでつくるおつまみを一品紹介しよう。

納豆をマヨネーズしょう油で和え、キムチを細かく切ったものと混ぜておく。フランスパンにおろしニンニクを加えたバターを塗り、オーブンでこんがりするまで焼く。焼けたらパンにトマトソースを塗り、ブルーチーズと納豆和えを乗せれば、オシャレなおつまみのでき上がり。

乾物のコツ

●乾物は、電子レンジで簡単に戻せる

乾物を水や湯で戻すのは時間がかかる。切り干しダイコンなら20分、ひじきやかんぴょうなら30分。しかし、電子レンジならあっという間だ。

大きめの耐熱容器に乾物を入れ、水をひたひたに入れたらラップをして2〜3分加熱する。ラップを取らず、そのまま5分くらい蒸せばＯＫ。

●乾燥ワカメの戻し時間は5分以内！

乾燥ワカメは生のワカメよりミネラル分が多いのでいろいろな料理に使いたいが、水で戻すときはなるべく短い時間ですますことがポイント。5分以上水に浸けておくと、ミネラル分が溶け出してしまうからだ。

また、養分が溶けだした戻し汁は捨ててはもったいない。煮物に使うときは、煮汁に加えて栄養を取りつくそう。

●干しワカメをそのまま使って、おやつ&おつまみに

ふつう干しワカメは水に戻して調理するが、そのままでおやつ&おつまみになるお手軽レシピを紹介しよう。

まず、干しワカメを食べやすい大きさにカットし、熱したフライパンにサラダ油をひいて炒める。ワカメの色が変わったら、すった白ゴマを加え、フライパンを火からおろしてグラニュー糖を振りかければでき上がり。

香ばしく、噛みごたえがたまらない一品だ。

●ひじきはカルシウムと鉄分の宝庫。戻し汁は煮物に使う

卵焼きやハンバーグに入っていたかと思えば、がんもどきやいなり寿司にも入っているひじき。煮物が定番だが、カルシウムと鉄分がたっぷりでなんにでも合うので、いろいろな料理に使いたい素材だ。

ひじきを水で戻すとき2～3回水を替えるが、煮物をつくる場合は最後の水は捨てずに取っておこう。ワカメの場合と同様、煮物の煮汁に使うと溶け出した成分も摂取できる。

●湿気った海苔《のり》は佃煮にする

残っていた海苔が湿気ってしまっていたら、火であぶってもイマイチだけれど、佃煮にすればおいしく食べられる。

鍋の中に海苔を細かくちぎって入れ、ひたひたに水を入れてふやかす。ふやけたら火をつけて、しょう油、みりん、砂糖、酒などを入れ、だしの素を少々加えて煮詰めていく。水分がなくなったら、でき上がり。好みでしいたけや昆布、山椒や唐辛子を加えてもよい。

●春雨はぬるま湯で戻す

春雨は乾燥したままで調理することもあるが、パラパラして扱いにくい。そこで、ぬるま湯をかけて柔らかくしてからキッチンばさみで切って使おう。春雨は、戻してから時間が経つと切れやすくなるので、調理する直前に戻すのがコツだ。

●切り干しダイコンは、生のまま酢の物にも

切り干しダイコンは煮物に使われることが多いが、生で酢の物にするのもさっぱりしていておいしい。まず、切り干しダイコンを水洗いし、そのあと10分くらい水につけて戻す。中華風なら、しょう油、酢、ごま油、砂糖、塩・コショウ少々を混ぜてタレをつくっておき、戻した切り干しダイコンを混ぜて冷蔵庫で1時間くらいねかせておけばでき上がり。もっと簡単にするなら、三杯酢で和風のなますに。キュウリの千切りやツナ缶と合わせてマヨネーズ・塩・コショウで調えれば、シャキシャキ感がうれしいサラダにもなるし、切り干しダイコンは用途が意外に広くて便利。

●干ししいたけを20分で戻すワザ

干ししいたけの本来の成分を生かすためには、戻すのに5時間以上はかかってしまう。でも、そんな時間はない、いま使いたい！　というとき、ちょっとはしょって速攻で戻すワザがある。

ぬるま湯の中にひとつまみの砂糖を加え、その中に干ししいたけを入れる。すると、わずか20分くらいで戻るのだ。急いでいるときは、この方法で切り抜けよう。

●とろろコブは、優れた仕切り役に

お弁当などで、ご飯とおかずの間に仕切るものがないとき、ご飯とおかずの境目にとろろコブを入れるというワザがある。

とろろコブが水分を吸収してくれるので、おかずの汁気がご飯にしみこむのを防いでくれるのだ。おかずと一緒に、おいしく食べてしまえるのもうれしい。

漬け物のコツ

●ぬか床がなくても、ぬか漬けができる

野菜の食べ方として、もっともビタミンB_1がとれるのはぬか漬けだ。しかし、ぬか床を作り、毎日手を入れるのは大変。しかし、その代わりになる優れものがある。

ぬか床の代わりになるのはヨーグルトと味噌。この2つを組み合わせると、ヨーグルトの乳酸菌と味噌の酵母で、ぬか漬けと同じ状態をつくることができるのだ。ヨーグルトと味噌の比率はおよそ2対1。両方合わせて、漬ける野菜の分量と同量が目安だ。

そこに塩を適宜ふったひと口大の野菜を入れ、1日冷蔵庫でねかせればおいしく食べられる、というわけ。野菜を取り出したあとのヨーグルトと味噌は、調味料として再利用できる。

●ファスナー付き保存袋でぬか漬けをつくる

やっぱり本物のぬか漬けじゃなくちゃ、という場合はファスナー付きの保存袋を使えばお手軽だ。冷蔵庫に入れられるので場所もとらないが、あまり冷やしすぎないほうがよいので野菜室に入れること。

こうすれば、ぬか床に手を突っ込んでかき混ぜる必要はないし、手も臭くならない。袋ごともめばいいだけだから、簡単で、しかも本格的においしいぬか漬けができるのだ。

●ぬか床は毎日かき混ぜなくてもいい!?

毎日かき混ぜなくてもいいぬか床も売られているが、昔ながらのぬか床は毎日かき混ぜないとだめになってしまう。とはいっても泊まりがけで家を空けることだってある。

そんなときは、漬け物をすべて取り出してぬか床の表面を平らにしたら、塩小さじ1を振る。さらに、ニンニクの薄切りひとカケ分をぬか床の表面に乗せて、しっかり空気を抜いて口を閉じ、野菜室ではなく冷蔵庫のよく冷えるところに置いておくとよい。

帰ってきたらニンニクを取り出し、ぬか床をよくもんでおけば、また使えるようになるのだ。

●減塩のためには漬け汁に漬けるとよい

浅漬けは野菜がしんなりしているぶん、サラダなど生で食べるより量を食べられるのでよいのだが、注意したいのは塩分の取りすぎ。

そこで、野菜に塩を直接振りかけるのではなく、ミネラルウォーターと自然塩で漬け汁をつくり、そこに野菜を入れて漬けると減塩になる。

●ブロッコリーをマヨネーズで漬ける

ブロッコリーといえばサラダやシチューが思い浮かぶが、浅漬けにしてもおいしい。

ブロッコリー1個分を房ごとに短冊切りにし、タマネギ1／4個は薄切り、セロリ1本は5ミリくらいの厚さに。しし唐4～5本は輪切りにする。ゆでたブロッコリーをボウルに移し、ほかの野菜も一緒に入れたら。そこに塩大さじ1を振りかける。

そのままで約2時間待つ。しんなりしたら水分を絞り、マヨネーズ大さじ4で和えるとでき上がり。そのまま食べてもよいが、ひと晩ねかせれば、味がしみ込んでさらにおいしくなる。

●ケチャップで簡単にできる漬け物

ケチャップ味の漬け物なんて聞きなれないかもしれないが、あっさり食べやすく、ピクルス感覚で楽しめる。

キュウリ3本をひと口大に乱切りし、塩を適当にまぶして約1時間。しんなりしたら水洗いして余分な水分を取っておく。ニラ1／5束とセリ1／4束を1センチくらいの幅に切り、それらの野菜とケチャップ小さじ1、しょう油小さじ1／2を混ぜる。1日おけば、でき上がり。ダイコンやカブを加えてもよい。

●納豆でつくる水戸風漬け物

水戸の名物に納豆漬けがあるが、家庭でもつくってみよう。

納豆3パックにつきダイコン1／4本を0・5センチ角くらいに切り、塩小さじ2をまぶす。3~4時間おくとしんなりしてくるので、水分を絞る。次に薄切りにしたタマネギ1/3個、シソの葉少々、粉カラシ少々、しょう油大さじ1、みりん大さじ1と納豆を混ぜ、そこにダイコンを加えて和える。

そのままでも食べられるが、1日おくと、さらにおいしく食べられる。野菜はダイコンのかわりにキュウリなどでもよい、

●タクアンでつくるおつまみの一品

タクアンをサラダ感覚で食べられる、あっさりした一品を紹介。おつまみにも最適だ。

適量のタクアンとキュウリをそれぞれ千切りにして混ぜ合わせる。そこにレモンをたっぷり絞り、白ゴマをすってこれもたっぷりとまぶせばでき上がり。レモンの酸味とゴマの風味がきいて、とてもおいしい。

●古くなった漬け物は料理の具材やソースに

時間が経った漬け物は、塩辛すぎることがある。そんなときは、細かく刻んで野菜炒めに混ぜたり、卵焼きやオムレツの具として使うと、これがなかなかおいしい。

また、古くなった漬け物をみじん切りにしてマヨネーズと和えると、タルタルソースに早変わり。

●一瞬でできる漬け物

①ほんの数分で漬け物をつくる方法

キュウリやダイコン、キャベツなど、余っている野菜に塩を振り、まな板にごりごりと押し付けながら転がして味をなじませる。それをラップで包んで、電子レンジで約40秒加熱。乱切りにして、冷ましたらでき上がり。

②粗塩を振って15分放置するだけ

カブを輪切りにしてお皿に乗せ、粗塩を適宜振りかける。それだけで、漬け物になる。約15分そのまま置いておくとカブから水分が出て、しんなりした浅漬けになるのだ。

●納豆のタレで浅漬けをつくろう

納豆のパックにはタレがついているものが多い。そのタレを使わないときも捨てないで。何個かたまったら、浅漬けの素として使えるのだ。ポリ袋の中に切った野菜とタレを入れてひと晩おくと、味のしみた浅漬けになる。

●ビニール袋で浅漬けをつくる

漬け物をきらしたときに便利な、ポリ袋と塩さえあればできる浅漬けを紹介。

ポリ袋の中にキュウリやキャベツなど、好みの野菜を適量入れて小さじ約1の塩を加え、ポリ袋ごともむ。しばらく置いたら中から野菜を取り出し、さっと水洗いして水分を絞ればでき上がり。

第6章 ◎ 残り物を無駄なく使い切る裏ワザ

残った野菜を使いきるコツ

●買うよりおいしい野菜チップスに

ジャガイモやサツマイモ、ニンジン、レンコンなどが半端に余ったら、野菜チップスにするとおやつにも、おつまみにもなる。

野菜をスライサーなどで〝できる限り薄い〟薄切りにしたら、水にさらしてアク抜きをし、キッチンペーパーでしっかり水分を取り除く。

それをカラッと素揚げするだけ。そのままでもよいが、塩を軽く振ってもうま味が増す。手作りチップスは買ったものより何倍もおいしいので、ぜひ試してみて。

また、野菜を短冊切りにして水溶き小麦粉で衣をつけ、揚げてもおいしい。そこに、ゴマを加えるともっとおいしくなる。

●簡単漬け物に

カブの皮は千切りにして塩を振りかけておいておく。皮がしんなりしたら水洗いして絞り、かつお節をかけたら完成。

ダイコンの皮が余ったら、食べやすい大きさに切り、ポリ袋に入れる。そこに適量の薄口しょう油とおろしショウガを加えてもみ、30分程度おいておく。すると、パリパリした食感がうれしい、おいしい漬け物ができ上がる。

●立派なおかずに

ダイコンの葉はみそ汁に入れたり、和え物に入れたりするが、もっと正面きっておかずになってもらってもいい。

葉っぱはよく水で洗ってからみじん切りにし、ゴマ油でしんなりするまで炒める。味付けのめんつゆとゴマを入れて混ぜればでき上がり。ホカホカのご飯の上にのせれば、それだけでご飯がすすむ。

もうひと手間かけるなら、ゴマだけではなく、ゴマとジャコをから煎りして混ぜると風味が良くなる。最後に、海苔を刻んでかけるとさらによい。

●再生利用とは思えない揚げ物に

煮物の鍋の中に残った野菜は、里イモでもカボチャでも、片栗粉をまぶして素揚げする。味がしみこんでいるので、はじめから揚げ物として作った一品のようにとてもおいしく食べられる。

●生食には時間が経ちすぎたトマトはデザートに

生でガブリ！　とやるには新鮮さが薄れたトマトは、ハチミツがあればデザートに生まれ変わる。

トマトは5ミリ幅くらいにスライスしてタッパーウェアに並べ、そこに好みの量のハチミツを振りかけて冷蔵庫で冷やすだけ。冷やす時間は数時間でも1日でもOK。食べ時は好みで。

野菜というよりフルーツ・デザートのような感覚なので、いくらでも食べられる。トマトの水分とハチミツでできたジュースもタッパーの底にたまるので、それも全部飲み干そう。

●柔らかくなったトマトは炒めものに

柔らかくなりすぎたトマトはスライスして、卵と一緒にたっぷりめのサラダ油で炒めるとおいしい。塩・コショウ・しょう油で味付けしてもよいし、それに鶏ガラスープの素、酒、砂糖などを加えて中華風にしてもよい。

また、トマトと卵に、電子レンジで少しゆでたジャガイモをスライスして加え、塩・コショウで味を調えたあとで細切りの溶けるチーズをさらに加えれば、立派なスパニッシュ・オムレツになる。

残った肉や卵を使いきるコツ

●トリ皮でスープを

トリ肉料理のとき、脂分が多すぎて皮を取り除くことがあるが、そんなときは皮を1枚ずつクルクル巻き、ラップに包んで冷凍しておくと何かのときに便利。

白菜が少し残ったときなど、そのトリ皮の登場だ。白菜はひと口大に切り、トリ皮は小さく刻んでおく。白菜と水、コンソメの素をフライパンに入れたら、蓋をして煮立たせる。煮立ったらトリ皮を加えて中火でさらに煮込み、白菜が柔らかくなったところで塩・コショウで味付けする。コクがありながら、あっさりしたスープのでき上がりだ。好みでショウガを加えてもおいしい。

●ひき肉でクレープを

ひき肉が余ったら、残り野菜で和風クレープをつくってみよう。

まず、ひき肉をサラダ油で炒めて塩・コショウをしておく。次に、冷蔵庫にある野菜（キャベツ、もやし、ニラ、ピーマンなど、あまり水分の多くないものがよい）を適量炒め、同じく軽く塩・コショウしておく。

そして小麦粉を水で溶き、熱したフライパンに薄く広げて、クレープ状に焼く。焼けたらお皿に盛りつけ、そこに温め直したひき肉と野菜をのせて、軽くしょう油かウスターソースをかければ、和風クレープのでき上がり。

ひき肉のかわりに、ベーコンでもイカでも冷凍の小エビでもよい。そこに溶けるチーズをのせれば、洋風になる。

●余った肉や卵＋ナンプラーでタイ風炒め物に

肉、溶き卵、野菜の端切れなど、余ったものはなんでも、食べやすい大きさに切ってから一緒にフライパンに入れ、そこに春雨を加えて炒める。

塩・コショウでさっと味付けしたあと、ナンプラーを入れれば、あっという間にタイ風炒め物になる。ナンプラーだけでなく、春雨もタイ風味を増してくれる。

●餃子の具をまんじゅうに

餃子の具が余ったら、次の日のおやつは餃子マンで決まりだ。まんじゅうの皮はホットケーキミックスでつくる。

まずホットケーキミックスを、餃子の具を包めるくらいの固さになるように水で溶く。適当な大きさを手に取り、しっかり伸ばしてから具を包んで蒸す。これで完了。皮がほんのり甘いので、子どものおやつにもぴったりだ。

残ったご飯・パンなどを使いきるコツ

●残りご飯できりたんぽ

電子レンジで温めたご飯をすり鉢に入れ、すりこぎで半分くらいつぶれた状態にしたら、つなぎに片栗粉を入れる。ご飯を直径2センチくらいの棒状にしてから2センチ幅に切り、それをひと煮立ちさせれば、きりたんぽ風ができ上がる。

鍋物に入れてもよいし、めんつゆなどで汁をつくり、あり合わせの野菜や肉を加えれば、きりたんぽ風のぜいたく茶漬けができる。

●味付けに工夫あり、5分でできるイカの塩辛チャーハン

残りご飯を使いきるには、チャーハンが一番簡単。冷蔵庫の残り野菜も総ざらいできる定番メニューでもある。

そこで、味つけにひと工夫。冷蔵庫の残りものベスト3に必ず入る瓶詰めを使う冴えワザだ。とりわけ、イカの塩辛はバターとの相性がバツグン。

残り物のご飯もあっという間に食べきってしまう。

●残ったご飯で焼きせんべい

残りご飯を活用した簡単おやつのアイデア・レシピをご紹介。

冷ご飯に卵と水、小麦粉を混ぜ、フライパンでお好みの大きさにカリッと焼いて食べる。味つけは砂糖じょう油が香ばしい。

水を牛乳に代えてバターで焼けば、和風ホットケーキ。お好みでハチミツやジャムをつけて召し上がれ。

●パン床でおいしい漬け物

ぬか床より管理が簡単！

かたくなってしまった食パンの耳や残った食パンを細かくちぎってビニール袋に入れ、塩とこれまた飲み残しのビールを入れる。ビニール袋の上から味噌くらいの固さになるまでよくこねる。

あとはお好みで野菜を入れ、冷蔵庫で1日ほど寝かせればできあがりだ。赤唐辛子やニンニクを隠し味にすると、味にパンチが出る。

●食パンでパン粉をつくる

冷凍庫の底に、いつ買ったのかわからない食パンが隠れていた、なんていうとき、いくらなんでも焼いて食べる気分にはならないし、水分が飛んでいておいしくないだろう。そんなときは、凍ったままおろし金ですりおろそう。自家製パン粉になる。

●食パンの耳でドーナツもどき

〝おばあちゃん伝授のおやつ〟とでもいうべき簡単な一品がある。

サンドイッチをつくったときなど、食パンの耳が残ってしまうことがある。そんなときは、切った耳をそのまま素揚げして、グラニュー糖を振りかける。それだけでOK。

素朴な味わいだが、サクサクした食感がいいし、食材がしっかりしているので、大人にも子どもにも安心なおやつになる。

●フランスパンでクルトンをつくる

食パン以上にかたくなったフランスパンは、さいの目に切って揚げれば香ばしいカリカリのクルトンに。オーブンシートにのせてレンジで20～30秒ほど加熱すれば、ノンオイルで、よりヘルシーだ。

残ったみそ汁やおかずを使いきるコツ

●みそ汁でリゾット

みそ汁が余ったとき、温め直してもあまりおいしくない。そこで、別物のリゾットをつくってしまおう。豆腐のみそ汁を例にして、レシピを紹介。

みそ汁を温め直している最中に、豆腐を細かくつぶしていく。つぶしたら生クリーム（入れるご飯の半分くらいの量）と溶けるチーズを1～2枚加え、チーズが溶けたらご飯を入れて、塩・コショウで味付けすれば、チーズ・リゾットのでき上がり。

みそとチーズの取り合わせは、味のゴールデンカップルだ。

●肉じゃがをパンで包んでピロシキに

しっかり味のついた肉じゃがは、肉も野菜も入って栄養満点。ジャガイモを少しつぶしてから余ったロールパンなどに包み、パン粉をつけて揚げると和風ピロシキに。

肉じゃがの煮汁に水溶き片栗粉をほんの少し加えて、うま味を閉じこめてあげるのがチョイワザだ。

●残り物のひじきで豆腐ハンバーグ

ついついつくりすぎてしまったひじきの煮物。

豆腐と混ぜて、和風ハンバーグにつくり替えだ。ひじきにしっかり味がついているので、豆腐を混ぜるだけでいい。余計な味つけが要らないので、手間もかからない。

焼いたときにボロボロ崩れないようにするコツは、豆腐とひじきを混ぜ合わせたときに片栗粉をまぶすこと。

めんつゆに水溶き片栗粉を入れてつくった、あんをかけて食べる。

●松前漬けを煮物料理に使う

おせち料理で残りがちな松前漬けを、煮物料理に再利用する。

かぶや大根などの淡白な野菜を中火で煮て、柔らかくなったところで松前漬けを入れて煮る。細く切った昆布やするめを使った松前漬けは、うま味も栄養価も高く、食べ残したくない一品だ。

うま味たっぷりの煮汁が野菜に染み込んで、ご飯のおかずやお酒のつまみに最適。残り物レシピとは思えない、メイン総菜ができ上がる。

飲み残しのアルコールは万能調味料に変身

●ビール漬けや、わさび漬け、からし漬けの隠し味に

肉料理や煮込みの風味づけにビールがよく使われるが、ほかにもぬか床に入れたりするなど、飲み残しのビールは意外と使い勝手が多い。

ビールに塩と砂糖を加えて、ビニール袋やタッパーで野菜を漬け込むビール漬けもその

ひとつ。2~3日目から味がなじんでおいしく食べられる。アルコールもすっかり抜けて、あっさり味のピクルスに近い。

わさび漬けやからし漬けに少しビールを足しても、味がやさしくまろやかになる。

●缶チューハイを煮詰めれば洋風極上ソースに

残った果汁入り缶チューハイが華麗に変身!

甘み成分が加わった缶チューハイを煮詰めていくと、糖分がキャラメル化してとろみが出る。このとろみがソースの素。

肉や魚を炒めたフライパンで缶チューハイを煮詰め、塩、コショウで味を調えれば、フランス料理風の極上つけあわせソースができ上がる。

魚料理の後始末のコツ

●マグロの刺身を肉風味に

晩ご飯のおかずのマグロの刺身が残ってしまったときは、しょう油と酒を合わせたものにつけてヅケにするが、それを魚焼きグリルで焼くと、まるで肉のような食感と風味になる。

冷めても大丈夫なので、お弁当のおかずにしてもよい。

●エビやカニの殻はグリルであぶって極上のだしに

魚介類も捨てるものがないエコ食材だ。

おいしいエキスが詰まったエビやカニの頭や尾、殻は、グリルでこんがりあぶって煮込めば、風味豊かなだしに使える。

下ごしらえで除かれた甲殻類の残りものは、フランス料理のシェフが魚介料理のソースづくりに必ず使うだしの素。つまり、プロの隠し味だ。

沸騰したお湯に入れてグツグツ煮出すだけ。お好みでブイヨンやかつおぶしを入れれば濃厚なだしになる。

●あぶった骨せんべいはカルシウムたっぷり

食べ終わった魚の骨を捨てる前に、ちょっとひと工夫。

アジやイワシの骨は弱火で揚げたりグリルでこんがり焼けば、カルシウム十分の香ばしいおつまみに。軽く塩をふれば骨せんべいでおやつになる。

よく洗って煮出せば、みそ汁や鍋料理のだしにも十分使える優れもの。

魚介類はまるごと食べきるのが、節約・料理上手のコツだ。

●魚の煮汁で煮物や煮こごりをつくる

魚の煮汁には、魚のエキスがたっぷり出ている。これを捨てる手はない。

じゃがいもや大根など淡白な野菜を加えてひと煮立ちさせれば、箸休めの小鉢料理にできる。

ゼラチン質の多いブリのアラの煮汁はタッパーに移し替えて冷蔵庫へ。翌朝にはごはんのおかずにぴったりな、おいしい煮こごりが完成だ。

●佃煮や酢の物にして、だし取り後の昆布を再利用①

うま味たっぷりの昆布は、だし取り後も再利用できる。

ひと手間でできる、簡単レシピを紹介しよう。

食べやすい大きさに切った昆布にしょう油、みりん、少量の酢を加えてサッと炒めて、かつお節をからめる。5分でできる昆布の佃煮は、ゴマや山椒を入れても美味。

佃煮にするほど量がないときは、千切りにして三杯酢であえて酢の物に変身させる。湯通ししたエノキや青菜を少し足せば、酒のつまみの一品に。

すぐに調理しないときは、ひと口大の大きさに切ってラップで包み、冷凍保存しておけばいつでも使える。

●ふりかけにして、だし取り後の昆布を再利用②

だし取りのあと、小さく切ってザルで干し、カラカラに乾燥させる。ミキサーもしくはフードプロセッサーで細かく粉末状に砕き、炒ったかつお節を加えてさらにスイッチオン。お好みで炒りごまや七味唐辛子を入れて、自家製ふりかけにする。

昆布のミネラルをそのまま食べられる。

●味噌漬けにして、だし取り後の昆布を再利用③

だしをとったあと、昆布の水気をキッチンペーパーでしっかり拭き取ったら、そのまま味噌の中へ。1週間ほど漬けこめば食べられる。お茶漬けの具にしても最高。味噌に昆布のうま味や香りが移ってコクが出る、一石二鳥の利用法だ。

残り物のお菓子やデザートを再利用

●使い残した生クリームの意外な活躍場所

残り物の生クリームも、お菓子とは別の意外な活躍場所がある。コロッケやキッシュ、ポタージュスープに入れるとコクが出る隠し味に。カレーなどの肉料理に使うと味がまろやかになる。

ホワイトソースに加えると仕上がり感がアップするので、カルボナーラやパスタソースにも使える。

砂糖を加えて角が立つほどホイップしたあとに冷凍保存という方法も。小分けにしておけば、コーヒーミルクなどにも利用できる。

●紅茶をムダなく使いきる

古くなって香りが飛んでしまった紅茶も、ムダなく使いきりたい。

紅茶と相性のいいレモンやオレンジ、リンゴなどを合わせたフルーツティーにすれば、香りが補える。シナモンやジャムを加えて、ひと味違ったティータイムを楽しんでみるのもいい。

フライパンでから煎りすると、香ばしい「焙《ほう》じ紅茶」も楽しめる。

賞味期限切れになってしまったら、においを吸収する性質を利用して冷蔵庫や靴箱のにおい消しに役立てよう。

●残ったジャムを煮物の隠し味にする

レストランにもジャム煮のメニューがあるくらいだから、ジャムは煮込み料理の隠し味としていろいろな料理に使われている。

じつは、和風のみそやしょう油とも相性がいいからフシギ。サバの味噌煮やブリの照り焼きに少しだけ加えると、味がまろやかに。照りやとろみもきれいにつけられる。甘酸っぱい鶏のマーマレード煮も絶品。

少し酸の強いマーマレードジャムや梅ジャムのほうがおいしくでき上がる。

このひと手間でプロの味
「料理のちょいテク」

編著者　料理の達人倶楽部
発行者　真船美保子
発行所　KK ロングセラーズ
東京都新宿区高田馬場 2-1-2　〒 169-0075
電話（03）3204-5161(代)　振替 00120-7-145737
http://www.kklong.co.jp
印　刷　中央精版印刷(株)
製　本　(株)難波製本
落丁・乱丁はお取り替えいたします。
ISBN978-4-8454-5086-2 C2277
Printed In Japan 2019
本書は平成 26 年 7 月に弊社で出版した書籍を改題改訂したものです。